MAYCOW MONTEMOR

Quase morri de amor

Quando a vida
perde sentido
sem outro alguém

academia

Copyright © Maycow Montemor, 2025
Copyright © Editora Planeta do Brasil, 2025
Todos os direitos reservados.

Preparação: Maria Paula Myobun
Revisão: Fernanda Guerriero Antunes e Tamiris Sene
Projeto gráfico e diagramação: Márcia Matos
Capa: Camila Catto

Dados Internacionais de Catalogação na Publicação (CIP)
Angélica Ilacqua CRB-8/7057

Montemor, Maycow
  Quase morri de amor: quando a vida perde sentido sem outro alguém / Maycow Montemor. - São Paulo: Planeta do Brasil, 2025.
  224 p. : il.

Bibliografia
ISBN 978-85-422-3324-7

1. Amor 2. Separação (Psicologia) I. Título

25-0687   CDD 158.2

Índice para catálogo sistemático:
1. Amor – Relacionamento - Separação

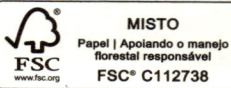

Ao escolher este livro, você está apoiando o manejo responsável das florestas do mundo

2025
Todos os direitos desta edição reservados à
EDITORA PLANETA DO BRASIL LTDA.
Rua Bela Cintra, 986 – 4º andar
01415-002 – Consolação – São Paulo-SP
www.planetadelivros.com.br
faleconosco@editoraplaneta.com.br

Aos meus pais, meus amores eternos.

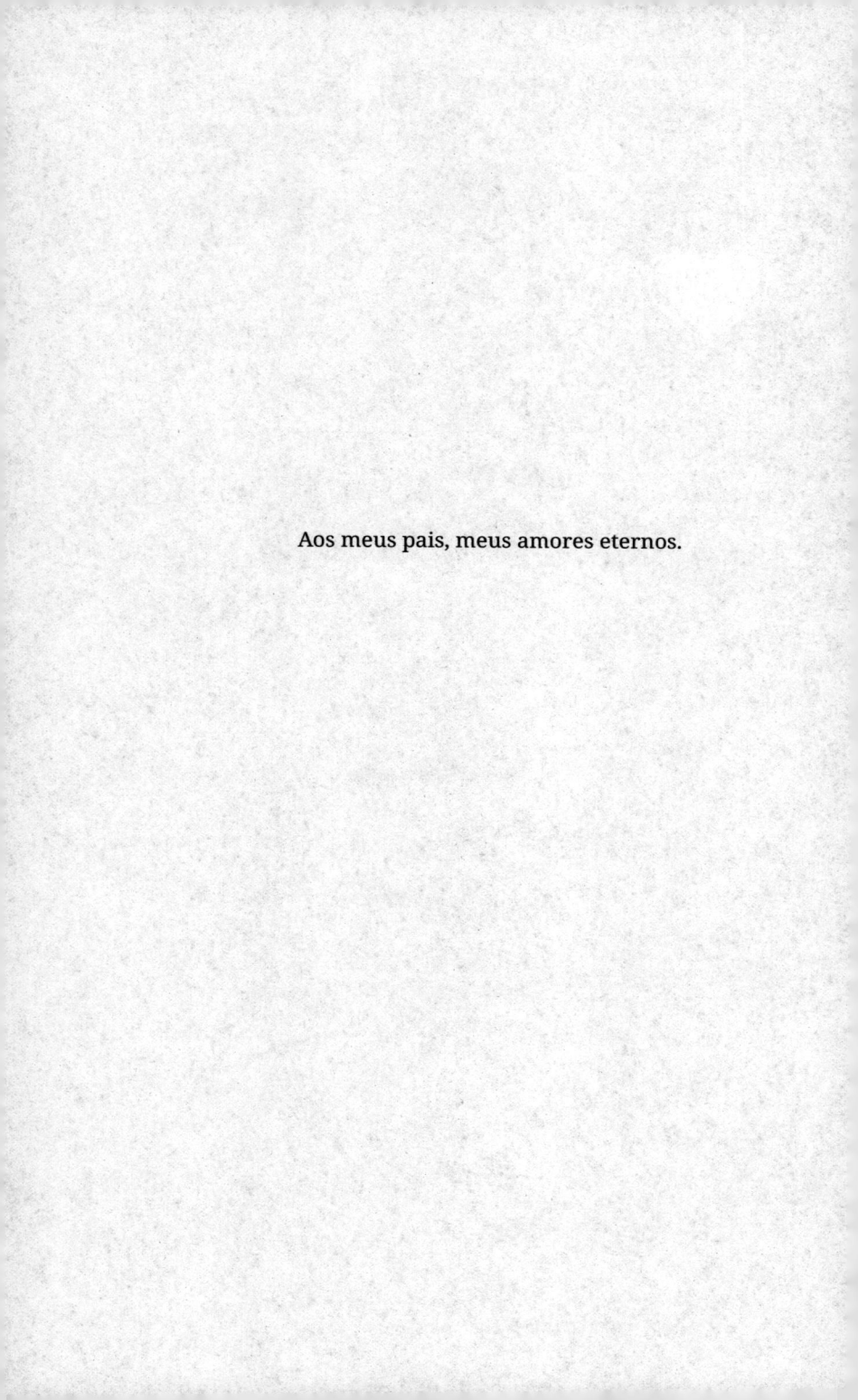

Agradecimentos

Ser grato é uma forma de reconhecer que sozinhos dificilmente conseguimos chegar muito longe. Querendo ou não assumir, dependemos de outras pessoas para tudo na vida, inclusive para amar.

Amor-próprio somente é possível se tivermos parâmetros, e quem nos oferece isso são os outros, de um jeito bom ou nem tanto.

Se este livro se tornou real, preciso agradecer aos meus ex-amores, aos meus amigos mais próximos que me ouviram repetidamente falar sobre o mesmo assunto e, principalmente, ao Felipe Brandão, que acreditou nessa reflexão como forma de acalentar outros corações machucados.

Aos meus mestres, professores, supervisor e terapeuta, que me ofereceram base para encontrar sentido através do sofrimento, explicações e significados nas dores, nas lágrimas e nas palavras.

A Deus, minha base.

Sumário

9	Prefácio	121	O sofrimento
12	A introdução	125	A indiferença
		129	A opinião
16	Quase morri	133	A falta
21	O luto	137	A falta de problema
25	O ódio	140	A negação
29	O "eu te amo"	144	O afastamento
32	A intensidade	147	A lembrança ruim
35	Um beijo	152	O inevitável
39	O meu amar	156	O silêncio
43	O louco	160	A rejeição
47	A depressão	163	A tolerância
52	A autoimagem	167	A visualização
56	O ponto-final	171	A traição
58	O deixar ir	176	A crise de ansiedade
61	A amizade	181	O emocionado
65	A ilusão	185	O equilíbrio
70	O precipício	189	O novo
75	A dependência	194	A felicidade
79	O próximo	198	A repetição
84	A perfeição	202	A casa
88	O sexo	207	O bom partido
93	A comparação	210	As fases
97	A âncora	215	A cura
102	O tempo		
105	As cartomantes	219	Posfácio
108	O líquido	221	Músicas citadas no livro
113	O romântico	223	Bibliografia sugerida
118	O espaço		

Prefácio

Conheço Maycow Montemor há muitos anos e testemunho de perto sua paixão pela vida, seu interesse pelos grandes temas do contemporâneo, seu cuidado genuíno com os amigos, sua sagacidade para tratar de temas intrincados com leveza e bom humor. Como leitor onívoro, Montemor devora textos clássicos e atuais; como comunicador nato, é capaz de sintetizar conteúdo denso de modo assertivo. Em *Quase morri de amor*, entretanto, o autor não busca amarrar os assuntos a partir de suas antenas hiperconectadas com as grandes questões de nosso tempo, mas busca dentro da própria alma o material existencial bruto que será lapidado para reflexões sobre amor e sofrimento. Nestas páginas, tem muito do Maycow psicólogo e tudo do Maycow ser humano. Através de um mergulho introspectivo, o autor examina tensões, vivências, rupturas, continuidades e refazimentos de sua alma, de modo a conduzir leitores e leitoras a refletirem igualmente sobre as próprias experiências.

O *leitmotif* da obra é o abandono, tema que atravessa todos nós. Conforme afirmou a filósofa Susan Griffin, todos nós fomos separados da terra, uns dos outros, de nós mesmos. O abandono é, talvez, a grande marca da condição humana. Desse modo, com momentos ora de sutileza ora de furor, Montemor conduz nestas páginas um processo pessoal em busca de um recomeço após profundas desilusões. Mais do que um passo a passo com *happy end*, a obra apresenta temas enervantes capazes de levar seus leitores e leitoras a pensarem com outras perspectivas. Talvez essa seja uma das grandes qualidades das narrativas em geral: elas nos levam a ver o mundo com outros olhos, a sentir dores de outras pessoas, e, assim, quem sabe, compreender melhor um pouco de nós mesmos. Todo ser humano está conectado, gostando ou não. Não nascemos de nós mesmos. Do berço ao túmulo, precisamos de companhia. O fio condutor aqui é, sem dúvida, a ânsia pela tranquilidade. Como Montemor, estamos todos em busca de uma paz que está vinculada aos relacionamentos. Como canta a bela canção de O Terno:

"É a história mais velha do mundo
Um destino que foi desenhado
O que mais alguém pode querer
Além de amar e ser amado?".

Boa leitura!

Davi Lago,
Professor e escritor

O amor é o antídoto para o egoísmo,
pois aprendemos a abrir mão das nossas certezas.

Tudo se torna dúvida, tudo depende de nós,
e não mais de mim.

É amando que nós percebemos como somos
vulneráveis, frágeis e até patéticos.

Quem nunca sofreu por amor não amou direito,
seja pela dúvida do início, seja pela incerteza do
meio ou pela angústia do fim.

Amar é se incomodar o tempo inteiro.

 **A introdução**

Poucos são os que nunca sofreram por amor, e ainda menos são aqueles que souberam lidar com o término. Em geral, acreditamos que é simples absorver o fim de um relacionamento, principalmente quando não é o nosso.

Nesta série de textos, exploro os estágios, sentimentos, agonias e expectativas envolvidas nas relações amorosas, incluindo seu término e a subsequente elaboração do luto. Não é drama nem exagero tratar o fim de um namoro, um casamento, uma parceria, mesmo que breve, como um processo de luto, pois ali morrem diversos sonhos e expectativas que, sendo mortas, precisam de compreensão.

Obviamente, existem relações que doem menos ao serem terminadas. Porém, com o passar do tempo, a dor parece se intensificar. Com a idade e as frustrações acumuladas, os términos se tornam mais difíceis e dolorosos. A consciência dos erros e o olhar mais sábio sobre o tempo podem contribuir para que essa dor se intensifique.

Como psicólogo, resolvi elaborar aqui o luto de uma relação junto com vocês. Não imaginava, porém, que entraria no que chamamos de Psicanálise de Processo de Sublimação, técnica por meio da qual deslocamos o sentimento de modo que ele seja compreendido, ressignificado e deixe de ser um incômodo.

A leitura em sequência torna mais nítida a distância que tomo da dor, da relação e da pessoa com quem me relacionei. No entanto, os textos também podem ser lidos de maneira aleatória, permitindo aos leitores abordar agonias ou dúvidas específicas. Houve um momento em que já não conseguia mais pensar em tópicos ou relembrá-los. Conforme eu escrevia e despejava terapeuticamente as palavras do meu eu, e as lia em voz alta, menos doía e tudo parecia estar mais dissolvido.

Os textos começam com a escrita do Maycow jornalista e terminam com o Montemor terapeuta. Neles, reside uma alquimia de autores como Ana Suy, Walter Riso, Alexandre Coimbra Amaral, Luiz Felipe Pondé, além dos clássicos, como Sigmund Freud e Donald Woods Winnicott.

De maneira despretensiosa, busco me conectar a você por meio da dor. Acredito que nenhum outro sentimento tem um potencial tão grande para nos unir, e, quando falamos do término de uma relação, imagino que a maioria das pessoas possa se identificar com estas palavras.

Normalmente, ao encerrar um relacionamento, somos assombrados por palavras não ditas e sentimentos guardados, resultando em ressentimentos e traumas que podem impactar negativamente relações futuras.

Como psicólogo e psicanalista, percebi o quanto precisava falar, mas certamente não existiriam ouvidos suficientes para me aceitar. Foi por meio da escrita que encontrei meu escape e minha libertação.

Arranque a página que mais se relaciona com sua experiência e mande-a para quem te machucou, ou, então, envie o livro todo de uma vez, grifando as partes que expressam tudo o que você ainda tinha para dizer. Libere-se dessa agonia; ela pesa demais e impede seu caminhar.

Junte-se a mim na elaboração do luto pela relação que chegou ao fim. Perceba que até seu terapeuta enfrenta as dores do amor, mas é capaz de deixá-las de lado para conseguir superar esse abismo profundo, que, na verdade, não passa de uma tigela rasa e vazia.

Apenas aqueles que vivem com paixão intensa e se entregam verdadeiramente podem compreender as palavras escritas nestas páginas de maneira plena.

Amores rasos não merecem ser chamados de amores; são apenas fragmentos de paixão.

 **Quase morri**

Um dia acordei com o peito explodindo de saudade daquela pessoa *que escolhi perdoar pela traição que ocorreu uma semana antes. Conto os minutos para encontrá-la e beijá-la como se fosse a primeira vez. Nem parece que eu havia me despedaçado dias antes ao ouvir que tudo não passara de um beijo sem sentido, no calor do momento, em uma festa entre amigos. As perguntas ecoavam em minha mente: "Mas, se era só um beijo sem compromisso, por que beijar outra boca que não a minha?". "Se era só uma festa entre amigos, por que me trocar por esse encontro que não tinha sentido nenhum?"*

Cacos recolhidos, vaidade guardada, ego abalado, mas tudo bem, afinal todo mundo erra. Talvez um beijo tenha sido apenas um beijo. Pare de surtar e siga a vida. Se eu resolvi perdoar, agora chegou a hora de administrar essa bola que está entalada na minha garganta.

Nós nos encontramos, nos beijamos, passamos o dia todo em família, rindo e brincando. Você vai até a cozinha e me diz que estava com saudades. Seus beijos me fazem acreditar que minha intuição estava errada. Tive certeza de que era apenas minha insegurança gritando e dizendo que você "era demais para mim".

Voltamos para o encontro com a sua família. Sigo fazendo piadas para entreter as pessoas que você ama, buscando me sentir aceito e protegido para quando você me magoar novamente.

Chegou a hora de ir embora e, em vez de irmos para minha/nossa casa, você diz que deseja ir para a casa da sua mãe. De repente, pede que eu pare o carro. Sob a luz do luar, com o mar como testemunha, você me diz que pensou muito e que prefere viver sua vida, afirmando que ainda é jovem para estar em um relacionamento tão sério e que não consegue me dar o mesmo que ofereço de volta. Então, entendo que, apesar de seus esforços, você não consegue me amar. Meu chão desaparece. Passamos pelo meu/nosso apartamento e pegamos tudo o que era seu. Quando tento pedir que você fique, seu beijo me silencia. Você diz: "Eu te amo, sempre vou te amar, mas não tanto quanto você merece".

Minha vontade era pular pela janela do vigésimo sexto andar daquele apartamento que aluguei para poder ficar junto de você, mas eu estava tão fraco que não consegui fazer nada além de te deixar sair pela porta da sala. Sentei-me no chão e chorei em silêncio, apesar da vontade de gritar; contudo, não tive forças para fazer nem mesmo isso. Naquele 9 de janeiro, provei uma dor cujo sabor já não lembrava havia quinze anos: o gosto de não ter feito o suficiente. O amargor da sua despedida ainda persiste em minha boca, mas aprendi a apreciá-lo, quase como se fosse um negroni. O amargo se tornou parte dos meus gostos peculiares desde que soube que não sentiria mais seus lábios junto aos meus.

Sim, acreditei que morreria de amor ou pela sua falta, mas, não, o amor não nos mata. Aprendemos com ele e, apesar dele, seguimos em frente.

O amor romântico, idealizado em filmes e romances, foi criado para acalmar os corações, mas se tornou produto de um mercado voraz que vende afetos em forma de produtos. Ele é imaturo, como tudo o que se baseia em fantasias.

Cada pessoa que passa pela nossa vida deixa um pouco de si e leva um pouco de nós.

Falar de imaturidade não se limita à idade. Apesar dos meus quase quarenta anos, fui imaturo ao acreditar que alguém com pouca experiência de vida seria capaz de preencher minhas idealizações.

Nossas pulsões desejantes de preenchimento e reciprocidade podem nos lançar em abismos emocionais inimagináveis, porém, aos poucos, percebemos que eles são apenas buracos no quais escolhemos nos enfiar para esperar a vida passar. Basta levantar-se e dar um passo para que o buraco, outrora chamado de abismo, fique para trás, junto com as memórias.

Cada pessoa que passa pela nossa vida deixa um pouco de si e leva um pouco de nós. Pode parecer clichê, mas nos aspectos mais óbvios residem segredos que somente aqueles que já foram cegados por um sentimento conseguem perceber.

O luto

Encarar o fim de um relacionamento nem sempre é fácil, principalmente quando não reconhecemos que estamos vivenciando um período de luto. Sim, pode parecer pesado, mas a morte de sonhos e expectativas também nos abala.

O luto pelo relacionamento pode doer tanto quanto a perda real de alguém que amamos, pois sentimos que estamos perdendo a pessoa a que nos dedicamos e com quem criamos planos e metas. Nesse momento, nosso principal erro é tentar diminuir a dor e se jogar de cabeça em qualquer coisa que nos distraia da realidade, que pode parecer amarga e ter tomado conta da sua rotina.

Permitir-se chorar pela perda desse alguém pode curar mais do que noites regadas a drinques e companhias vazias. Os amigos, muitas vezes na tentativa de ajudar a estancar esse machucado, acabam diminuindo a importância do seu sentimento, o que causa, muitas vezes, angústia e solidão, algo que eles próprios nem imaginam. Não existe regra ou fórmula para viver a perda de um sonho ou de um amor. O que estamos discutindo aqui é como passar por essa fase de desapego de algo que foi quebrado e possivelmente está te machucando através dos estilhaços que, de certa maneira, cortam sua pele silenciosamente.

Depois de tentar falar, ligar, buscar e remendar a relação que criei na minha cabeça – que, de fato, era muito maior no meu delírio do que na vida real –, me joguei na vida sem medo, mas a única coisa que consegui foram encontros fracassados.

Quando não vivemos o luto de um relacionamento, tudo nos leva às memórias daquele alguém que não escolheu estar conosco.

As comparações são inevitáveis e parece que nenhum beijo se iguala ao que você tinha, e o sexo, então, vem com aquele gostinho de "queria que fosse com outra pessoa", o que não tem nada a ver com a qualidade do que foi vivido, mas, sim, com as memórias quase delirantes da relação idealizada.

Quando falo em memórias delirantes, me refiro ao fato de que, durante o luto, atravessamos diversas fases, da saudade ao ódio, passando por todas as nuances sentimentais imagináveis. No começo, tendemos a lembrar tudo como se fosse um conto de fadas. Depois, começamos a procurar por falhas, e ficamos nesse vai e vem, até que simplesmente conseguimos não pensar mais. Esse dia demora a chegar de fato, e isso independe da duração da relação que acabou, revelando muito sobre o tamanho das expectativas que tínhamos.

Haverá muitos conselhos de diversas pessoas, noites longas de insônia com a mente agitada, lágrimas no meio da tarde, seja trancado no banheiro de uma festa, seja no trabalho, e tudo bem, faz parte. Sentimentos como agonia, tristeza, raiva, indiferença, dor e incômodo são partes inevitáveis, mas devem ter um prazo e ser acompanhados de muita terapia. Pois, assim como em qualquer perda, podemos perder o controle da situação e entrar em um processo depressivo mais severo.

É importante compreender que amigos não são terapeutas e baladas não são divãs, pois, embora consigam facilitar o processo de distanciamento da dor, criam uma aderência surreal a essa dor. Cada um desses elementos, em doses, é crucial para o processo, mas permita-me aconselhá-lo: a realidade é sempre o melhor remédio. Encare que aquilo foi apenas uma fase que passou e que outras virão, algumas semelhantes, outras piores ou melhores. A vida é movimento, devendo te afastar dos gatilhos que te fazem acreditar que aquilo que você teve era tudo o que sempre quis. Nós queremos o tempo todo e, às vezes, desejamos coisas muito diferentes, mas basta permitir-se desejar novamente, não o passado, e sim um futuro novinho em folha.

Renunciar a certos amigos, locais e assuntos pode ser uma abordagem positiva para avançar além do passado. Insistir não trará ninguém de volta; pelo contrário, transformará sua vida e a do outro em um angustiante ciclo de enterrar e desenterrar o cadáver da relação que já se foi.

 **O ódio**

Desde que me vi de volta à vida de solteiro, busquei incessantemente motivos para odiar a pessoa que me abandonou. No entanto, todas as minhas tentativas foram em vão, sobretudo porque não havia motivo real para destruir tudo o que vi e vivi ao longo dos meses que passamos juntos, exceto pelo abandono afetivo.

A mistura de ilusão com realidade se torna um drinque fácil demais de consumir, porém nem sempre essa ilusão é tão enganosa. Existe muita verdade naquilo que apenas o olhar do amor consegue enxergar. Há muitas armadilhas, é claro, e, ao mesmo tempo, essa lente cor-de-rosa sobre o outro, às vezes, acentua aquilo que a pessoa tenta esconder.

Entre duas pessoas e quatro paredes, muita coisa é diferente: os sorrisos, os olhares ou a busca do outro por você na cama durante a noite, como se pedisse proteção. Nem tudo é público, nem sempre é forçado, quase nunca é totalmente irreal, mas é sempre passageiro.

Tentei e ainda tento odiar quem me abandonou, mas só consigo odiar a despedida, pois, na verdade, foi ela que me machucou.

Em algum momento, meu vazio foi preenchido por alguém que me tirou da solidão. No entanto, percebi que era nesse lugar que eu deveria estar, confortável, para que, quando o amor chegasse, eu estivesse pronto para apreciar a solidão a dois. Uma solidão que deve ser confortável para que, na ausência do outro, possamos ainda assim nos sentir completos e, apesar da presença do outro, consigamos nos amar, nos respeitar e nos bastar. O ódio que tento, sem sucesso, encontrar nas atitudes de quem me deixou só me aproxima ainda mais de todas as coisas boas que vivemos. Cada vez que tento te odiar, percebo o quanto ainda te amo.

Aos poucos, vamos entendendo que não é importante odiar para esquecer, e sim lembrar sem sentir dor. O ódio só reforça a falta que o outro faz em nossa vida, acentuando o sentimento de inadequação. Todas as vezes que ocorrer o efeito rebote desse ódio (e isso sempre acontecerá), você cairá no desgosto de ainda pensar com saudade.

Para superar um amor ou um desamor, não é necessário polarizar o sentimento, mas sim dissolvê-lo como parte de sua história de vida. Se você acredita que errou ou poderia ter agido diferente, tente corrigir e evoluir para o próximo amor que surgir, pois eles sempre surgem, contanto que você tenha conseguido abrir espaço no coração e na mente.

Não será fácil abrir essa vaga para outra pessoa. Eu mesmo tirei as correntes, mas ainda mantenho um bloqueio leve, que removo conforme a abordagem de quem desejo que ocupe esse lugar. Na ânsia de preencher essa vaga, você pode acabar magoando muitas pessoas e arranhando sua própria identidade. Tome cuidado para não se tornar para alguém a dor que você sentiu.

Não é preciso odiar para esquecer. Na verdade, não se deve. Nesta busca incessante, a única pessoa que realmente importa é aquela que está mais cansada: você.

Em vez de odiar, o caminho é lembrar com amor, mas sem saudade.

Esquecer será impossível, e, se for possível, não era amor, era apenas mais uma ilusão.

 O "eu te amo"

Quem nunca disse um "eu te amo" e recebeu o vazio do silêncio como resposta talvez não tenha vivido o suficiente as decepções sentimentais. Veja bem, um silêncio vale mais do que palavras falsas, mas nem por isso incomoda menos ou nos impede de nos sentir mal, ou até envergonhados por termos, possivelmente, falado algo tão sincero em um momento tão errado.

Não se trata apenas de encontrar a ocasião certa, mas também de entender que o tempo de cada pessoa é diferente, e as experiências vividas (ou não) ao longo da jornada moldam a maneira como interpretamos as situações mais diversas.

Naquele momento, você não sabe se falou algo agressivo ou se simplesmente agrediu a si mesmo por deixar claro que o amor na relação é só seu, e não do casal; ou se o outro não gosta de você e está arrastando a relação. Às vezes, fica o sentimento de "perdi meu tempo novamente".

Quando aconteceu comigo, aquele silêncio depois de quatro meses, naquela noite de quinta-feira enquanto preparava nosso jantar, foi como se tivesse me dado um soco no estômago. Ainda que tivesse agido como se estivesse tudo bem, aquilo foi gatilho para uma pequena crise de ansiedade que consegui mascarar apenas com silêncio e um sorriso torto.

Sabe, as pessoas estão tão habituadas a receber pouco afeto genuíno, pouco cuidado e carinho, pouco amor verdadeiro, que quando encontram alguém disposto a oferecer tudo isso podem se surpreender, achar o outro um tanto "emocionado", ou até se afastar e se culpar por não poder (ou não conseguir) retribuir da mesma forma. Cada indivíduo sente e demonstra seu afeto de maneira única.

Respeitar o tempo do outro não deve se tornar uma competição para ver quem demonstra menos amor ou diz menos "eu te amo". Quando uma relação se transforma nesse tipo de competição, está destinada ao fracasso. Não digo isso para nos encorajar a sermos intensos em todos os relacionamentos, pois intensidade pode ser tudo, exceto amor. Somente significa que ninguém naquele relacionamento está mais disposto a se entregar; e, sem entrega, não há relação saudável.

Nós nos conectamos pela vulnerabilidade, uma característica inerente à natureza humana. Identificamo-nos com mais facilidade e encanto quando o outro se mostra humano, capaz de nos acolher. Isso não quer dizer que a fraqueza nos fascine, mas sim que a verdadeira força está em permitir-se demonstrar vulnerabilidade apesar de tudo.

Ao dizer "eu te amo" e encontrar apenas o silêncio, percebo que, por vezes, é importante compreender que não são apenas as palavras que constroem ou destroem uma relação como também as ações ao longo da jornada. Com frequência, as pessoas falam por meio do silêncio; é necessário aprendermos a ouvi-las.

 **A intensidade**

Muitas vezes, a intensidade pode ser prejudicial às relações, pois nem sempre o outro está preparado para lidar com uma avalanche de sentimentos, o que pode nos cegar, anulando nossa capacidade de perceber o óbvio. Essa intensidade pode nos impedir de racionalizar os fatos e as histórias, frequentemente nos levando a criar realidades que não correspondem à verdade.

Os imaturos tendem a ser mais intensos, pois são pessoas que esperam resultados mais rápidos do que a vida realmente entrega, e justamente nessa ânsia por velocidade acabam atropelando o bom senso. Pode parecer estranho usar essa expressão quando falamos de amor e relacionamentos, mas aqui a emprego para representar um tipo de equilíbrio entre anseios e realidade.

Os intensos, em geral, acabam projetando no outro não exatamente o que este merece ou deseja, depositando tudo o que transbordam, incluindo sentimentos de amor, paixão, cumplicidade e afetos diversos, nem sempre positivos. Entretanto, o outro pode não estar preparado para receber essa avalanche de emoções, porque, mesmo sendo uma torrente de amor, ainda é uma forma de sobrecarga emocional. Uma das piores situações é reconhecer que quem está desmoronando é justamente aquele que está se entregando por inteiro, pois, ao fazê-lo, ele deixa de ter uma base para se manter firme e enxergar a vida, o amor e o outro como realmente são.

Se eu pudesse resumir em uma única frase o que representa a intensidade, diria que é uma mistura nada saborosa de ansiedade com depressão, uma fusão desequilibrada entre futuro e passado, sem nada do presente. O futuro é marcado pelos desejos, anseios e sonhos, enquanto o passado é carregado com os traumas negativos de relações anteriores, incluindo aquelas que envolvem a família. O presente, muitas vezes negligenciado, representa o viver de cada dia, sorriso e conquista do casal. É testemunhar o crescimento mútuo e sentir que você também está evoluindo, mudando e se aprimorando. O tempo presente pode parecer simples, mas é o mais complexo de alcançar, pois exige que você encare a realidade, seja ela doce ou amarga.

Os intensos tendem a sufocar as relações, como um abraço de urso tão forte que nos deixa sem ar; porém, é crucial reconhecer quando estamos direcionando nossa energia para alguém que não está pronto, mesmo que isso cause dor.

 Um beijo

No dia em que chegou da balada com seus amigos (sempre incentivei esses momentos), olhei para você assim que fechou a porta e perguntei: "Você ficou com alguém nessa festa?". Nunca tinha feito essa pergunta e jamais pensei que isso poderia acontecer, mas naquele dia, quando te vi às 6h35, algo me pareceu diferente.

A intuição é algo muito interessante. Uns dizem que é sobrenatural, outros que compreende apenas a nossa capacidade de sentir o outro e prestar atenção aos detalhes, como o olhar, a respiração e o jeito de se comportar. Eu acredito que seja uma mistura de ambos.

A sua resposta foi tão direta quanto a minha pergunta, mas seguida de uma explicação que não fazia parte do meu repertório de vida até então: "Fiquei, sim, mas foi só um beijo, um beijo de amigo, não quer dizer nada". No meu conceito, o beijo é a porta de entrada para muita coisa, inclusive para o desejo. Como administrar esse sentimento se arriscando o tempo todo?

Quando gosto muito de um sorvete, não quero dividi-lo com ninguém, imagine então compartilhar a boca que me beija todos os dias. Um beijo nunca é apenas um gesto físico. Ele carrega consigo intenções e, a partir dele, podem surgir outras narrativas e emoções. O beijo representa uma forma de conexão especial e íntima (ou a ausência dela) entre as pessoas. Parece insignificante quando estamos solteiros, mas, em um relacionamento, beijar alguém que não seja seu parceiro pode verdadeiramente comprometer tudo, especialmente se isso não estiver acordado de modo claro entre ambos os lados.

A insegurança tomará conta de uma das partes, machucará e, obviamente, colocará a relação em um lugar de vulnerabilidade. A confiança é a base para qualquer relacionamento, não apenas para os casais, mas também nas amizades. Quebrar essa confiança pode, de fato, ser o início do fim, como foi no meu caso.

Não se trata de ser antiquado ou moderno, mas do quanto o outro e a relação importam para quem pretende dar esse "beijo sem importância". Para mim, quando ouvi isso, logo pensei: *Se não tem importância, por que beijou?*

Nesses momentos, precisamos aprender que a balança da relação pode não estar equilibrada. Talvez a ideia de "abrir mão" ou deixar de ceder aos impulsos do desejo não faça parte da pessoa com quem estamos nos relacionando.

Nem sempre é uma questão de desprendimento ou de amor livre. Geralmente, é apenas uma questão de falta de experiência, respeito e maturidade na vida. Mas, veja bem, uma hora ou outra, todo mundo vai sofrer pelas mesmas atitudes de outras pessoas.

Um beijo nunca é apenas um gesto físico. Ele carrega consigo intenções e, a partir dele, podem surgir outras narrativas e emoções.

O meu amar

O ser humano tende a reproduzir tudo o que aprende, inclusive em relação aos sentimentos e à maneira de amar e demonstrar amor. Sentir-se acolhido, seguro e amado tem origem no ambiente familiar e nas relações com as pessoas que compõem nosso desenvolvimento, sejam pais, avós, tios, seja qualquer vínculo próximo que sirva de modelo ao longo da vida.

Nos últimos tempos, tenho refletido bastante sobre minha forma de amar e como expresso a importância que as pessoas têm para mim.

Sou o tipo de pessoa que faz tudo para que o outro se sinta seguro. Tento ser o chão, as paredes, as colunas e o telhado na vida de quem amo. Trabalho arduamente, me desdobro para realizar vontades, desejos e sonhos de quem está ao meu lado, abrindo mão dos meus próprios prazeres, pois minha maior satisfação é ver a alegria alheia, assim como sempre vi meu pai fazer por mim.

Ao mesmo tempo, sirvo de divã, preparo o café da manhã, organizo o cinema, o teatro e os passeios no parque. Convido para viagens, mesmo com pouco dinheiro no fim do mês, e cubro todas as despesas. Envio mensagens dizendo que sinto sua falta ou apenas para dar bom-dia. Surpreendo com a entrega de um bolo de cenoura com brigadeiro para alegrar a sua tarde, especialmente quando sei que está se sentindo chateado ou preocupado. Agora, mais maduro, compreendo que esses sentimentos são passageiros e, caso persistam, estou determinado a encontrar uma solução, mesmo que você não esteja ciente disso. Isso sempre foi algo que aprendi com minha mãe. Mas e a parte do carinho expresso com palavras diretas? E aquele momento que pede uma declaração romântica, e não uma piada? Nesses momentos, não sei o que fazer.

Em casa, sempre experimentei o amor manifestado por meio de atitudes e presença, mas não tanto por palavras. Meus pais não são hábeis em dar abraços, o que não significa que amem menos. Simplesmente expressam seu amor da maneira que conhecem.

Eu me vejo como uma combinação dos traços de amor dos meus pais, e muitas vezes fui criticado por ser assim. Não foram poucas as ocasiões em que fui rotulado de "otário" por me doar tanto. Diziam que as pessoas precisam receber menos para aprender a valorizar, mas como adotar essa postura se sempre fui acostumado a receber tanto?

Não existe uma fórmula certa para amar, tampouco para conquistar a partir do desprezo. O que realmente importa é saber se a vulnerabilidade do outro é tocada ou não pelo que você tem a oferecer.

Há, ainda, a admiração e o desejo pelo que não consigo ser, mas gostaria. E, muitas vezes, acabo encontrando minha realização pessoal na realização do outro.

Muito tem se falado sobre jogos de conquista que colocam o outro em um lugar de insegurança. Isso é sádico, pois, quando você gosta de alguém e o deseja, quem fica vulnerável é você mesmo. Se as relações forem tratadas como um jogo, alguém sempre sairá perdendo. Acredito que não é assim que devemos encarar o amor. Devemos fazer o nosso melhor, estar bem conosco, expressar nossos anseios com sinceridade, aprender a lidar com o tempo, viver bem a solidão e buscar nossa integridade. Não há nada mais atraente do que alguém que, apesar de seguro de si, consegue ser vulnerável aos sentimentos.

O louco

Entre os sentimentos mais angustiantes e difíceis de lidar, está a sensação de estar vivendo situações reais que o outro nega. Trago comigo o trauma da minha primeira relação amorosa, marcada pela manipulação, na qual eu era constantemente retratado como alguém que vivia em um mundo paralelo pela pessoa que eu amava e com quem convivia diariamente. Hoje, reconheço que tais situações beiravam a psicopatia. Após passarmos a noite juntos, tudo era negado na manhã seguinte, inclusive o fato de que havia estado em minha casa.

Por dez anos, fui atormentado pela agonia de ser visto como o louco, o tóxico, o sufocante. Na verdade, eu que estava adoecido pelo transtorno mental do outro, rotulado como doente, mesmo carregando apenas a incompreensão do porquê de aquilo estar acontecendo comigo. A herança dessa relação doentia foi a sensação frequente de que estou sozinho ao vivenciar uma relação ou situação afetiva. Obviamente, quando me deparo com algo semelhante, entro em colapso mental de aflição.

Carregamos conosco diversas marcas e sentimentos que podem permanecer ocultos, aguardando apenas um gatilho para despertar e corroer nossa alma e nossa saúde mental.

Após quase morrer de amor (ou acreditar que morreria), a sensação de ser o "louco" ressurgiu com toda intensidade, especialmente quando retomei as conversas, os encontros e até voltei a dormir com a pessoa que era a razão da minha saudade. Perguntava-me se estava sozinho ao perceber esses sinais, se era normal compartilhar a cama com alguém e, depois, agir como se nada tivesse acontecido, ou se estava construindo em minha mente um desejo delirante. A cada episódio, minha ansiedade disparava, desencadeando crises com palpitações, falta de ar, vontade de chorar e todas as sensações conhecidas por quem já enfrentou crises de ansiedade ou pânico. E o pior: parecia que nenhuma medicação conseguiria aliviar essa devastação emocional.

Com o tempo, as pessoas ao redor nos questionavam se havíamos voltado, se estávamos juntos novamente, se tínhamos reiniciado o relacionamento. O comportamento que parecia ser o de um casal (mesmo que não fôssemos mais) era evidente. As pessoas comentavam que "dava para perceber que havia algo", mas a única coisa presente era o desejo. Não posso falar pelo outro, apenas por mim; no entanto, todos ao redor também percebiam isso.

Acredito que a repetição desses comentários durante o processo de "tentar ser amigo" validou minha sanidade e, aos poucos, de maneira gradual, acalmou meu coração.

Carregamos os fantasmas das relações durante toda a vida, fazendo parte do acúmulo de memórias e sensações do nosso inconsciente. Identificar sua origem é o primeiro passo para buscar a cura da ferida que o afeto pode ter infligido. No meu caso, o simples fato de não ser mais rotulado de "louco" – que imaginava, via e sentia coisas que, teoricamente, não existiam ou aconteciam – foi o remédio para aliviar a falta que eu sentia daquele abraço, daquela companhia. Contudo, a jornada para estabelecer uma relação de amizade com um ex-amor é uma história para outro momento.

A depressão

De modo mais simplista, podemos descrever a depressão como um excesso, acúmulo e má administração do passado. É como se a pessoa estivesse imersa em tristeza em razão de escolhas irrevogáveis e momentos inesquecíveis, e a vida passasse a ser dominada por um profundo arrependimento.

Ser dominado pelo constante questionamento do "e se eu tivesse feito?" nos leva a um estado depressivo, no qual vivemos no passado nos esquecendo de aproveitar o presente. Muitas vezes, acreditamos que o agora está sendo prejudicado por escolhas anteriores, mas nem sempre é o caso. Às vezes, o presente se torna angustiante simplesmente porque não damos a devida atenção às novas decisões e escolhas que surgem diante de nós. Arrepender-se de algo não o torna menos importante. Muito pelo contrário: isso o coloca em uma estante, em lugar de destaque, para que você o revisite sempre que algo não sai como planejado.

As coisas se desenrolam como devem ser, e nossas decisões podem de fato influenciar parte desse desdobramento. Em geral, tudo o que nos acontece está interligado às decisões e escolhas de outras pessoas, não apenas às nossas. Posso optar por ir ao cinema sozinho ou convidar um *affair* para me acompanhar; porém, se essa pessoa vai aceitar ou não, está além do meu controle. Ficar remoendo ou me lamentando após o convite não me levará a lugar algum. A partir desse momento, cabe a mim decidir se vou viver o presente e assistir ao filme ou se vou me apegar ao passado e ficar angustiado pela resposta negativa ao convite. Claro que não é tão simples assim em todas as situações, mas essa é a mecânica básica. É por isso que, ao falarmos de depressão, com frequência nos referimos a um processo depressivo.

As centenas de arrependimentos que carregamos ao longo da vida em algum momento deixam de ser bagagem e lição para se tornarem âncoras em nossa jornada.

Quando pensei que estava à beira de morrer de amor, vários gatilhos emocionais foram acionados. Durante semanas (para ser mais preciso, três meses), eu mergulhei em reflexões sobre o que poderia ter feito de modo diferente ou o que não deveria ter feito, e gradualmente entrei em um estado depressivo no qual não tinha vontade de fazer mais nada além de remoer esses pensamentos. No entanto, a vida continua seu curso implacável. Enquanto lutava contra o desamor, era confrontado com dezenas de outras responsabilidades. Levantar da cama virou uma tarefa dolorosa e chorar em segredo, sozinho ou ao volante, tornou-se comum no meu cotidiano.

No processo terapêutico, o psicólogo não vai ditar o que está certo ou errado. Da mesma forma, não estou aqui para impor regras, e sim para destacar fatos que merecem atenção e devem ser tratados com cuidado. A jornada já é difícil o suficiente para nos sobrecarregarmos com um senso de autorresponsabilidade por tudo. Não! Não somos os únicos culpados pelas coisas. Sempre há outros elementos que contribuem para essas situações, mesmo que sejam frutos de nossas escolhas.

Assim como entramos em um estado depressivo, também saímos dele, sempre de modo gradual, consciente e inconsciente. Pode parecer estranho falar sobre o processo inconsciente, não é mesmo? Mas na verdade não é, pois parte de nossas atitudes e decisões é influenciada assim, sem uma consciência plena, e sim de maneira instintiva, impulsiva, como resultado do nosso inconsciente.

Nós somos compostos por várias camadas, e cada uma delas deve ser considerada durante um processo de cura ou tratamento. Às vezes, assim como eu fiz, você pode estar projetando em um relacionamento uma série de expectativas baseadas em experiências passadas, na ideia de corrigir erros anteriores. No entanto, é importante lembrar que o ser amado é uma pessoa diferente das anteriores, em uma jornada única, recebendo suas ações e intenções de maneira distinta.

Relacionar-se com alguém não é uma ciência exata. Diante das muitas variáveis envolvidas, precisamos analisar com cuidado o passado, o presente e o futuro, encontrando equilíbrio entre eles: se você se prender demasiadamente ao futuro, viverá de forma ansiosa; se ficar excessivamente preso ao passado, entrará em um estado depressivo; e, se focar demais o presente, viverá estressado. A constância reside na consciência de que "hoje sou o resultado do que vivi e das escolhas que fiz", sejam elas boas ou não. Meu futuro depende exclusivamente do que estou fazendo e decidindo agora, no presente.

Se a sua relação chegou ao fim, é importante que compreenda que ela não dependia apenas de você. Não podemos "amar por dois" e, da mesma forma, não podemos "sofrer por dois", como alguém em depressão costuma fazer.

A autoimagem

A insegurança com o corpo me acompanha desde que me conheço por gente. Eu me recordo, inclusive, dos momentos na escola quando todos iam para a piscina e eu não queria tirar a camiseta e vestir sunga por ter vergonha do meu corpo gordo. As aulas de educação física eram aterrorizantes. Eu pedia para ir à biblioteca fazer trabalhos escritos só para evitar expor aquela imagem que considerava terrível.

Da infância à vida adulta, nunca apreciei o que via no espelho. Passei a vida fazendo dietas e sofrendo com oscilações de peso. Mesmo quando alcancei meu menor peso, ainda tinha vergonha do meu corpo. Essa sempre foi a minha maior fonte de medo e agonia: ser visto sem a proteção das roupas. Nos meus relacionamentos, essa insegurança também se manifestava, pois olhava para os corpos nus ao meu lado e logo buscava um cobertor para me esconder, como se aquela pessoa já não tivesse visto e tocado meu corpo, o meu maior trauma. A cada vez, me perguntava: *Como alguém tão atraente pode estar aqui comigo?*

Eu buscava compensar de outras maneiras a falta do corpo perfeito que tanto almejava, fosse com carinho, atenção, validação da beleza alheia, fosse me submetendo aos desejos do outro, por mais desagradáveis que fossem para mim. O que não percebia é que nem sempre o que eu admirava no outro era simplesmente beleza física, e sim o belo que emanava de sua segurança interior. Vale dizer, o belo não se resume apenas à estética, mas também à harmonia entre o ser e o mundo, entre o ser e a satisfação consigo mesmo, entre o ser e a segurança de que aquilo que ele é e tem é digno de apreciação, mesmo não sendo "perfeito". O belo reflete mais a confiança na própria identidade do que a imagem externa projetada.

Não posso afirmar que hoje me sinto completamente seguro com o que tenho a oferecer em relação à minha imagem. No entanto, consigo garantir que, ao longo da minha jornada de autoconhecimento, tenho percebido que sou muito mais do que os músculos definidos que tanto desejava ter para exibir em fotos nas redes sociais. Aos poucos, fui percebendo que a beleza que tanto admiro e busco nas pessoas com quem me relaciono também está presente em mim: no olhar, nas palavras, na educação, na cultura, na percepção do mundo, nos sonhos e no meu sorriso enquanto aprecio uma boa garrafa de vinho e compartilho alguma besteira.

Eu me lembro de olhar para você e pensar: Como esses olhos verdes podem ter visto algo interessante em mim? *Quantas foram as noites e dias que passei te admirando em detalhes, mas me diminuindo e me sentindo cada vez mais inseguro de tê-lo ao meu lado. Para mim, você sempre teve a harmonia perfeita entre o belo que admiro e a beleza que me encanta.*

A maneira como nos vemos no espelho é sempre crítica, moldada por uma imagem que aprendemos a desenhar em forma de expectativa. No espelho, só conseguimos ver as nossas fragilidades.

Eu ainda considero o seu sorriso lindo, além do olhar encantador e o jeito de ser extremamente sensual. A única coisa que mudou foi que hoje, depois de pensar que iria morrer por ter perdido você, consigo ter outros olhares, inclusive beleza no que vejo refletido não no espelho, mas nas marcas que deixei pelo caminho.

O ponto-final

Embora muitos tentem decifrar o amor, poucos reconhecem sua natureza dolorosa. Alguns afirmam que amar significa se completar através do outro, mas, se assim o fosse, seria uma vida de tristeza. Por que precisamos de alguém para nos realizarmos?

O amor também é dor, incerteza, solidão. Não vemos no outro nada além do que rejeitamos em nós mesmos. Amamos nele partes de nossa própria angústia. Amamos nele o que almejamos ser, mas tememos assumir.

Muitas vezes, me privo de amar porque sei que a cicatrização será mais árdua que minhas lágrimas, bem como para esconder minha fragilidade. Tento resistir ao amor até o último momento, como quem hesita à beira do abismo, olhando com temor, mas, ainda assim, se entregando.

Para mim, amor é uma queda livre. Sei que vou me ferir ao tocar o chão, mas passo por ele como se aprendesse a voar, torcendo para que o fim nunca chegue.

Amor é dor. Ponto-final.

O deixar ir

De tudo que li sobre a dor de um amor que se vai, o que mais confortou meu coração foi a afirmação de que ninguém deixa de amar; passa a amar a distância.

Quando o sentimento é verdadeiro, ultrapassa o calor da paixão e se acalma no tédio da rotina, ainda assim existindo ao longo dos dias enfadonhos, sabemos que há um amor real. Podemos até pensar que o "amor amante" virou "amor amigo", mas não, ele ainda é amor. O que pode acontecer é não sabermos administrar esse sentimento tão delicado e devastador.

O amor pode persistir, mas chega um momento em que pede espaço, distância para deixar de causar dor aos envolvidos nessa saga aparentemente interminável – e que não o será, porque estamos falando daquele amor que nos marca para sempre. E *está tudo bem*. Sempre haverá histórias que deixam marcas, que fazem nosso coração pulsar mais forte e que usaremos como referência para falar de afeto e que carregaremos conosco até o fim. No entanto, elas precisam se transformar em lembranças, não em pesares. E, para que isso aconteça, devemos permitir que o amor siga seu curso livremente, que pode não ser o que desejamos, mas ainda assim é o que precisamos. Nós precisamos soltar e deixar ir.

Amar é deixar ir. Não porque o seu amor tenha sido insignificante, e sim porque o ser amado simplesmente não quis permanecer.

Talvez até porque todo o amor que você ofereceu tenha sido avassalador. Ser amado exige maturidade. Amar é deixar ir porque, às vezes, é a única coisa que podemos fazer para que a dor que um dia sentimos deixe de nos dominar.

No dia em que finalmente o deixamos partir, percebemos que quem partiu fomos nós, ao nos libertarmos da dor e da agonia de tentar aprisionar algo que deve ser livre. Não há prisão maior do que a liberdade. Se alguém precisa ser mantido à força para permanecer ao seu lado, esse alguém não pode nem deve estar ali. Ficar deve ser uma escolha, e não uma opção.

A amizade

Depois de um tempo longe, conseguimos superar muitos dos nossos sentimentos em relação ao outro. Ficar mais distante não resolve nada num primeiro momento, mas aos poucos vai dissipando o cheiro, o olhar, o sorriso, deixando apenas as lembranças, especialmente quando você sabe que está tudo bem.

As músicas mais bonitas que ouço ainda dedico a ele, pois parecem expressar tudo o que não consegui dizer, e que ainda sinto quando me lembro dele. A gente reluta muito em se afastar, porque parece que isso fará o outro também se esquecer de nós. Só que veja bem: ninguém esquece ninguém. Só precisamos mudar a rota do GPS para poder enxergar novas paisagens.

Muitas vezes, sem perceber, o caminho que insistimos em seguir é, na verdade, circular. Sem perceber, seguimos rodando em torno de uma mesma árvore, olhando-a em todos os seus detalhes, mas nos esquecendo de que existe ainda toda uma floresta repleta de diversas outras belezas para serem apreciadas.

Eu continuo dedicando a você o pôr do sol mais bonito, a música mais romântica, as palavras de amor mais profundas. Ainda menciono o seu nome em minhas preces e quando peço proteção. Sim, você continua presente em meus pensamentos, mas aos poucos consigo colocá-lo a uma distância que me permite respirar sem aparelhos.

Lentamente, aquela mensagem pode deixar de ser enviada, aquela brincadeira em rede social adiada, aquela cutucada no aplicativo vai ficando para depois. Sabe por quê? Porque eu não quero somente um amigo, e nem dá. Você sempre será um dos meus amores, e é assim que sempre vou te enxergar.

Ao reconhecer e fazer isso, conseguimos seguir em frente e reencontrar essa pessoa nas festas dos amigos em comum, nos vendo sem mágoas. Porque amizade, isso nós temos com outras pessoas, e não com aqueles que foram nossos amantes. É muito difícil (uma verdadeira raridade!) aqueles que conseguem seguir adiante mantendo essa amizade depois de uma relação íntima de amor. Porque uma das partes sempre carregará o desejo do beijo e de mais uma noite juntos, mesmo que seja apenas uma.

Quando observamos um casal que compartilhou um amor e depois optou por trilhar caminhos diferentes, a maneira como se olham diz muito sobre o que cada um está sentindo. Sejamos francos, por meio do olhar podemos perceber quando o amor começou a esfriar. Além disso, é importante reconhecer que amamos nossos amigos de maneira distinta. Tentar transformar essa relação pode se tornar uma experiência dolorosa.

Quando expresso que não consigo ser apenas um amigo, estou revelando que ainda nutro desejos, anseio pela presença todos os dias e que meu amor persiste por essa pessoa. É um amor tão profundo que almejo apenas o bem dessa pessoa, mesmo que isso signifique preferir que esteja distante. Não distante de mim, mas sim fora do alcance dos meus olhos, pois eles inevitavelmente buscarão os dele. E o problema reside aqui: sempre que nossos olhares se encontram, percebo que ainda me fitam da mesma maneira, como se nada tivesse mudado, como se ambos ainda sentíssemos falta um do outro, mesmo que já estejamos com outras parcerias. Um dia, quem sabe, possamos nos sentar em volta da mesa com nossos novos amores, brindar à vida que construímos, celebrar nossas conquistas, nos abraçar na virada do ano e desejar estarmos juntos apenas como amigos. Mas, hoje, a ideia de amizade me parece dolorosa.

O tempo e a distância são sempre bons remédios para dores de sentimentos. O silêncio é uma boa resposta e o som da natureza, um excelente conselheiro. Respeite a sua própria necessidade de cura, respeite o seu "não conseguir" estar junto, respeite os seus limites. Somente assim você será capaz de ultrapassar essa barreira que pode estar te impedindo de enxergar outras árvores nessa imensa floresta que se apresenta todos os dias.

Não acredite em tudo o que todos falam. Nem todos realmente sabem o que é o amor, e muitas vezes confundem-no com paixão. A grande diferença é que a paixão tem um prazo de validade, enquanto o amor, este dificilmente tem fim.

Apenas para reforçar, se estivéssemos no divã, eu te diria: o amor não acabou, nem vai acabar. Ninguém vai esquecer ninguém, mas siga o seu caminho. Ainda há muito para você enfrentar. Não apenas por esse amor, mas por outros que ainda estão por vir.

Prepare-se, pois amar é um desafio que o amadurecimento te ensina a superar.

A ilusão

Se há um sentimento que confunde as pessoas, é esse tal de amor. Por pura imaturidade, acabamos por confundi-lo com paixão, ou, pior ainda, muitas vezes nem conseguimos chegar a isso e acabamos vivendo apenas de ilusão.

Se me pedissem para explicar de forma simples a principal diferença entre os três tipos de gostar que mencionei, diria que o amor é o sentimento de conexão profunda, a paixão é a busca por intensidade e perfeição, e a ilusão é a sensação de que está tudo errado, e, ao mesmo tempo, tudo bem.

O amor é incômodo porque, quando nos encontramos dentro dele, queremos sempre descobrir mais sobre o outro. Nós nos desdobramos para agradar e fazer as peças de nossa vida se encaixarem.

O amor nos coloca em uma posição de vulnerabilidade extrema. Nessa jornada de conhecer o outro, também nos conhecemos e esbarramos em nossos próprios limites, crenças e demais fatores que nos formam como indivíduos únicos e pensantes.

Ao viver o amor em plenitude, muitas vezes percebemos que a ideia de um amor tranquilo não existe. Afinal, não existe jornada de descoberta e amadurecimento totalmente confortável. É importante destacar a diferença entre o incômodo e o insuportável, algo que vou ilustrar comparando um tênis velho com um novo: o tênis velho se ajusta confortavelmente aos seus pés e não causa dor. No entanto, se você continuar usando-o na chuva, no sol, caminhando dia e noite sem tirá-lo, mesmo sendo confortável, eventualmente ele começará a incomodar e até a machucar um pouco os pés. Já o tênis novo, em geral lindo, poderá nos ferir bastante por mais confortável que digam que ele seja. Precisamos usá-lo muito para que ele pegue a forma do nosso pé e deixe de machucá-lo.

Em ambas as situações, você sabe que não está descalço, o que já é um ponto importante. Para o tênis deixar de te machucar, ele precisa se adaptar (e causar um pequeno desconforto) até que se ajuste ao formato dos seus pés. Mesmo assim, se ele for muito usado sem pausas ou descansos, inevitavelmente começará a incomodar. Isso é o amor: a capacidade de reconhecer que existe algo ali, com mais ou menos conforto, em alguns momentos "fazendo bolhas", em outros protegendo e o ajudando na caminhada. Tudo vai depender do quanto você conseguiu "laceá-lo".

No amor, a intensidade de tudo diminui. Começamos a compreender a importância do espaço não apenas do outro, mas principalmente do nosso. Isso permite que a relação perdure por mais tempo e tenha mais qualidade nos encontros e na convivência, naquele "estar junto agradável", sabe?

Já a paixão é aquele sentimento avassalador de que está tudo bem o tempo inteiro. Pensamos que podemos mudar e moldar o outro – e a nós mesmos – a partir das nossas crenças. É o gostinho do sexo incrível sempre que há oportunidade, e a sensação de que isso basta.

Os beijos são sempre quentes, as aventuras incríveis e o silêncio nos encontros quase inexiste. Sempre encontramos tempo e disponibilidade para tudo. Abrimos mão de nós mesmos pelo outro, custe o que custar. Mas por que não viver a paixão o tempo inteiro, para sempre? Porque não é possível.

Com o passar do tempo, tanto a relação quanto nós mesmos, como pessoas, amadurecemos. Entendemos que a intensidade cansa, que o outro não vai mudar só porque queremos e, o principal, que talvez não estejamos tão dispostos a nos transformar tanto por alguém que parece não mudar nada.

A paixão tem prazo de validade. Nos tempos atuais, leva em torno de três meses. Na vida adulta pode durar até dois anos. A paixão é a euforia do relacionamento e precisa existir como combustível para a nossa vida. Mas, olhe só, não fique contando o tempo para saber se sua relação superou a paixão e chegou ao amor. No fundo, essa ansiedade pode representar apenas que você está vivendo o terceiro tópico desta conversa: a ilusão. E quem nunca se iludiu que atire a primeira pedra.

A grande diferença entre a paixão e a ilusão é a reciprocidade. Geralmente, quando nos iludimos com a intensidade dos encontros casuais, ignoramos os sinais e até as falhas do nosso *crush*. Passamos a interpretar tudo como um indício de que está apaixonado por nós, quando, na verdade, é apenas uma mistura de tesão com educação. A ilusão nos transforma em idiotas e nos cega para o óbvio, simplesmente por causa da carência afetiva, de traumas anteriores ou pela pura falta de maturidade no lidar com relacionamentos e projeções.

    Hoje, em breve confissão posso dizer que, quando olho para meus relacionamentos, tenho certeza de que vivi muitas ilusões, quase nenhuma paixão e um grande amor. Grande não pelo tempo, mas pela troca e pela forma como fui afetado pela dor e pelo incômodo por ele causado. Por isso, sei que sempre foi amor. Desde o primeiro segundo daquele encontro numa terça-feira à noite, quando parei o carro na frente da casa da pessoa e pessoalmente a vi sorrindo pela primeira vez.

O precipício

Apesar de ter me excluído das redes sociais e me cumpri-mentado de maneira fria após tentar fingir que não me viu na frente da casa dos meus pais, um dia acreditei que poderia reconquistá-la e trazê-la de volta à minha vida, nem que fosse como amiga. Afinal, seus amigos me falaram de seu término e eu, iludido pelo sentimento que ainda carregava, resolvi levantar a bandeira branca. Fui atrás dela e obtive sucesso. No dia seguinte, já estávamos conversando novamente, marcando de tomar um açaí para conversar e deixar o que estava estranho para trás. Óbvio que eu queria entender a exclusão do Instagram. Aquilo feriu meu ego e meu alter ego (mesmo eu o tendo silenciado em tudo, um mês depois do nosso término).

Nada é mais aflitivo do que a vaidade ferida para alguém com a autoestima prejudicada. Apesar de ter tudo, parece que precisamos apenas daquilo que não podemos ter. Isso está muito ligado ao fato de que nos venderam tudo como um desafio a ser desbravado. Mas olha só: o amor não é a meta do mês da empresa, ou o final de uma maratona, nem deve ser uma conquista envolta de dor e agonia. Precisamos sair desse modo de vida imposto por coaches vendedores de curso.

Não existe técnica para conquistar alguém que não venha acompanhada de certo desprezo ao ser humano. Isso acontece porque, ao aplicá-las, independentemente de quais forem, a pessoa que está sendo conquistada não deseja quem você realmente é, e sim quem você está projetando para conquistá-la. Aplicamos técnicas de conquista para ajudar a vender mais e bater a meta da empresa, ok? Estamos entendidos nesse ponto?

Aos poucos, você foi alimentando meu delírio de tê-lo de volta. Aos poucos, me confundi entre amizade e desejo de tê-lo novamente em um relacionamento amoroso. Aos poucos, fui novamente me colocando em segundo plano, tentando descobrir maneiras de te trazer cada vez mais para perto.

Refletindo sobre meu estado durante aquelas semanas, em uma mistura de alegria e euforia, minha mãe, de forma sábia, escolheu uma manhã aleatória para me passar uma importante mensagem. Enquanto ela lavava a louça após o café da manhã, me chamou de lado e disse de maneira direta, como quem remove uma pedra do caminho: "Quem olha para o precipício, quer pular. Tome cuidado para não se machucar de novo". Ela então se voltou para os pratos, e me deixou em choque enquanto eu me dirigia ao trabalho.

Sem saber, ela acabou fazendo naquele momento uma análise nietzschiana sobre a situação que ela imaginava pela qual eu estava passando. E se posso refletir aqui: mais uma vez ela estava correta, assim como geralmente acontece com os conselhos dos mais velhos. Ao dizer que, "quando você olha muito tempo para o abismo, o abismo olha para você", Friedrich Nietzsche nos convida a refletir sobre diversas coisas. Nessa situação, podemos utilizar essa frase como uma reflexão sobre as escolhas que fazemos, e, principalmente, sobre a tendência de continuarmos cometendo os mesmos erros.

Não há uma única maneira de viver e experimentar a vida. No entanto, parar diante do abismo após o fim de algo não causado por você é capaz de provocar um momento de reflexão profunda. Ao contemplá-lo por tanto tempo, você encontra beleza na ideia de se entregar, pois, de alguma forma, em seus delírios, o abismo olha de volta para você como se dissesse: "Eu te amo, mas não sei o que fazer".

Vale lembrar que, quando pensou ser necessário, você soube, sim, o que fazer. Entendeu claramente qual escolha deveria seguir, e permanecer comigo não foi tão atrativo quanto o mundo de possibilidades que se apresentava diante dos seus olhos.

Quando queremos, conseguimos dizer "eu te amo". Mesmo que essa declaração soe falsa, e estejamos conscientes disso, devemos nos afastar do precipício. Lá, não encontramos nada além de um vazio. No entanto, não é o tipo de vazio que contribui para uma vida equilibrada; é aquele que consome nossas energias, sonhos e oportunidades.

O vazio desse abismo poderá nos engolir e destruir, mas o vazio da solidão nos ensina e nos fortalece. Embora possam parecer semelhantes, estão em posições completamente diferentes quando se trata da capacidade de amar e de viver com menos sofrimento.

Quem olha
para o precipício,
quer pular.
Tome cuidado
para não se
machucar
de novo.

A dependência

Nada dói mais para um dependente emocional do que a sensa-ção de "torneira fechada". Embora essa expressão costume ser associada a relações de interesse, prefiro abordar aqui a dependência emocional de outra pessoa, sobretudo a partir da dor e da angústia de não ter mais esse vício alimentado.

Muitas vezes, buscamos sempre o mesmo perfil de pessoas com o qual nos relacionar. Quem sofre de dependência emocional acaba sempre procurando aquele tipo com mais problemas na vida, que possivelmente vai demandar mais atenção, dedicação e cuidado (físico e mental).

Existem muitas explicações clínicas para esse fato, mas, para resumir de forma simples, o dependente emocional é aquele que nunca se julga suficiente, o tipo de pessoa que, por sentir que não é capaz de oferecer amor suficiente, tenta desesperadamente "comprar" o afeto de seus relacionamentos. E isso pode se manifestar de várias maneiras, sem se limitar apenas aos presentes. No entanto, a pior parte dos relacionamentos com dependentes emocionais reside no fato de que eles começam a se sacrificar para cuidar do outro, adoecem pela doença do outro e vivem em constante agonia ao tentar suprir todas as necessidades do parceiro para preencher a lacuna emocional que grita incessantemente: "Você não é suficiente".

Em tais situações, é comum atribuir a culpa ao outro, mas, ao mesmo tempo, isso é injusto, pois quem está ultrapassando os limites é tanto o amado quanto o amante zeloso. Eu me lembro de ouvir algo que me levou a um profundo processo de reflexão, um eco que ressoa em minha mente até hoje: "Nunca admirei tanto alguém como admiro você; na verdade, só admirei assim meu pai". Foi como se Freud estivesse gritando nos meus ouvidos naquele momento, e, desde então, tenho me preocupado não apenas com aquela relação específica, como também com a maneira como sempre me relacionei.

Obviamente, amamos cuidar daqueles que nos são queridos; nós nos preocupamos e desejamos que eles cresçam e evoluam ao nosso lado. No entanto, é crucial entender duas coisas: em primeiro lugar, nem sempre o outro está disposto a alcançar os lugares que idealizamos em nossa mente. Em segundo, não podemos anular completamente nossas próprias vidas na tentativa de construir a vida de outra pessoa.

Dito isso, retornamos às questões que envolvem o dependente emocional. Geralmente, essas pessoas carregam consigo traumas não resolvidos ou não explorados, muitas vezes relacionados a questões estéticas, outras vinculados às dinâmicas familiares. E, invariavelmente, sempre existem questões relacionadas ao modo como esse indivíduo se percebe no mundo, com frequência apresentando sentimentos de solidão ou abandono.

As demonstrações emocionais de cuidado, carinho e superproteção já são complexas nas relações entre pais e filhos. Agora, imagine essa dinâmica transferida para um relacionamento amoroso, que muitas vezes é superficial. A complexidade dessas interações se amplia, tornando a construção de um vínculo saudável ainda mais desafiadora.

Gosto de enfatizar que cada indivíduo deve contribuir com aquilo que transborda em si, que está em abundância, mas nunca além disso. Pois, ao continuar retirando de si mesmo para dar ao outro, o equilíbrio, tão crucial em um relacionamento, desaparece. De um lado teremos alguém "com falta", e, do outro, alguém "com excesso", possivelmente de algo que nem deseja.

Embora muitas vezes as pessoas ao nosso redor tendam a focar apenas as trocas materiais, rotulando a relação como "interesseira", é fundamental destacar, especialmente quando falamos de dependentes emocionais, que o verdadeiro interesseiro é aquele que busca sugar a alma do outro, procurando por controle e dependência para se sustentar emocionalmente. Esse comportamento poderá levá-lo à autodestruição quando você perceber que as coisas não estão saindo como o esperado.

Ainda, é importante ressaltar que, sempre que estamos vulneráveis, algumas pessoas poderão se aproveitar dessa situação para obter mais do que apenas afeto e atenção. Por isso, um dependente emocional precisa estar atento aos próprios limites e avaliar o quanto mudou desde o início do relacionamento.

Parar e avaliar as mudanças que ocorreram desde o início do relacionamento, ouvir as opiniões dos amigos e familiares e buscar apoio terapêutico são passos importantes para lidarmos com essa agonia emocional. O reconhecimento da necessidade de mudança é o primeiro passo crucial para melhorar o bem-estar emocional e pode até marcar o início do fim de uma relação que causa mais dano do que benefício, não apenas para o outro, mas também para nós mesmos e para todas as nossas escolhas.

Achei que não sobreviveria ao amor, e é bem possível que você também tenha sentido isso. No entanto, aqui estou eu, escrevendo para dizer que não só sobrevivi, como também aprendi o suficiente para compartilhar com você.

O próximo

Mais doloroso do que você ter colocado um ponto-final em nossa *relação, de repente, foi te ver fazendo com outra pessoa tudo aquilo que eu fazia por você. Pior ainda foi ver e saber, através dos seus amigos (que me encaminhavam suas publicações em redes sociais), que você estava fazendo, dizendo e postando publicamente para outra pessoa tudo aquilo que eu sempre esperei para mim. Como doeu, como ainda dói lembrar...*

Precisamos ter muita atenção na maneira como vamos nos relacionar com o próximo amor. Das duas, uma: ou você vai fazer por alguém tudo que fizeram por você ou então, como forma de proteção, vai acabar trazendo barreiras emocionais que potencialmente vão atrapalhar o desenrolar da nova relação. Isso é mais normal do que se pode imaginar.

Assim como as crianças, acabamos por aprender e replicar tudo de acordo com os exemplos que nos são dados. Já mencionei anteriormente sobre minha forma de amar e como ela é influenciada pelas experiências e influências dos meus pais. Se tivermos uma relação abusiva, pode ser que na próxima nos tornemos o abusador. Se formos muito amados, pode ser que na próxima sejamos o amante e, se formos desprezados, pode ser que na próxima sejamos aquele que despreza. Esse ciclo tende a se repetir com todos, já que são impulsos involuntários que fazem parte de nós.

Ao descobrir que terminaram com você, e que até o beijo que pediu foi negado, confesso que vi acontecer na prática tudo aquilo que estudei ao longo dos anos. Não esperava que fosse comigo. Foi como diz o ditado: "Quem com ferro fere, com ferro será ferido".

Esse gosto amargo todos experimentarão em algum momento. E, quando isso acontecer, você vai lembrar exatamente quem foi a pessoa responsável por deixar essa sensação. A lembrança será vívida, pois nosso inconsciente funciona como um banco de dados, trazendo à tona reflexões pertinentes no momento certo.

Aprendemos a nos relacionar e a amar à medida que nos relacionamos e amamos. Como já disse e reitero, não existe uma fórmula mágica. No máximo, há orientações para fortalecermos um senso de autoconfiança e capacidade de viver de maneira independente. O resto é apenas supérfluo. Deixe de lado essas regras e simplesmente viva, ame, se relacione e aprenda com essas experiências.

Guardo mágoa de você? Nenhuma. Pelo contrário. Ao ver a quantidade de afeto que você expressou, percebi que fui um bom professor, parceiro e amor.

Quando um relacionamento chega ao fim, é importante reconhecer que outros virão. Alguns podem ser passageiros, outros mais profundos, talvez até um grande amor, mas geralmente são muitos os encontros breves. *E está tudo bem.* A questão é que isso pode se tornar um peso se você carregar o que aprendeu como um fardo, como um cadáver, em vez de encarar a situação como um acúmulo de experiências e lições.

Nós também cometemos erros ao amarmos excessivamente, ao criarmos expectativas elevadas e até ao esperarmos demais do outro. Talvez essa pessoa não estivesse pronta e, muito provavelmente, nem soubesse como te amar. Talvez ela nunca tenha sido amada antes e tenha aprendido com você.

    Veja bem, não estou sugerindo que você se contente com as lições que deixará na vida dos seus parceiros – ao contrário, ao menor sinal de desinteresse e falta de reciprocidade, é importante ter uma conversa franca com eles. O que estou dizendo é que estar em um relacionamento significa viver em ciclos de traumas, seus e dos outros. É por isso que precisamos amadurecer para amar.

Quando um relacionamento chega ao fim, é importante reconhecer que outros virão.

A perfeição

Em geral, quando nos apaixonamos, nosso cérebro negligencia todos os pontos negativos da outra pessoa. Passamos a enxergar um ser divino, um anjo na Terra, sem defeitos, com atitudes toleráveis e de beleza indescritível. Essa bioquímica é responsável por grande parte da cegueira moral que recai sobre os apaixonados. E como eu sempre digo: "Tá tudo bem!". A ilusão faz parte do processo de conhecer alguém.

O problema surge quando, aos poucos, você não consegue amadurecer o olhar para notar as imperfeições, os erros, as atitudes que incomodam, as falas que magoam e as escolhas que te anulam.

Eu te via como alguém incapaz de me magoar. Pensava que as vezes em que você optava por não estar comigo eram apenas parte do espaço de que nós dois precisávamos. Eu acreditava que ter você em casa por algumas horas era o suficiente para mim. Ou então, quando viajávamos e não tirávamos fotos juntos – ah, era por questão de privacidade! Aliás, quase não temos fotos juntos, como se o que vivemos não tivesse acontecido.

Eu costumava considerar tudo normal, até as crises de ansiedade que eu experimentava sempre que saíamos para jantar antes de você encontrar com seu grupo de amigos aos fins de semana. Lembro-me de te acompanhar até as baladas e, em seguida, voltar para casa sozinho. Mas o equívoco era meu; você sempre esteve certo.

Aquele que buscava mais do que você poderia oferecer era eu. Acredito que você deu o seu máximo, e eu respeito isso.

Mesmo hoje, quando penso em você, só consigo me lembrar das coisas boas. Cheguei até a me questionar se estava numa espécie de surto de Poliana. Só consegui recordar os pontos negativos da nossa relação através do meu terapeuta. Ele nunca se esqueceu de cada queixa que eu levava, semana após semana. Quando você me deixou, foram as memórias que ele trouxe que me fizeram enxergar que a nossa relação nunca foi tão boa quanto eu idealizava. Mesmo assim, carreguei comigo a saudade dos planos, e não da realidade.

Administrar um turbilhão de sentimentos não é tarefa fácil. É justamente aí que mora a necessidade da fala livre e da escuta consciente, processo básico da terapia. Conforme você fala, vai se tornando capaz de ouvir de si mesmo tudo aquilo que te magoa. Escutar a si desperta um incômodo maior do que quando outro te alerta. Isso porque, quando o indivíduo está sob os efeitos da cegueira da paixão, nada o fará mudar de ponto de vista. "Ninguém sabe o que vivemos quando estamos juntos, apenas nós dois."

Durante esse processo de desconstruir o ser perfeito idealizado, de nada adianta criticar (ou ser excessivamente honesto), pois é provável que isso somente contribuirá para minar ainda mais a autoestima de quem foi abandonado. Portanto, se estiver próximo de alguém passando por isso, apenas ouça. Às vezes, essa pessoa só precisa desabafar.

Agora, se você é a pessoa que está sofrendo, procure lugares e pessoas que possam oferecer apoio genuíno, mesmo que isso signifique ouvir o que não quer. Evite, no entanto, se envolver em conversas repletas de ressentimentos. A sensação de decepção pode ser útil se for administrada de maneira construtiva.

O caminho para deixarmos de ver o que projetamos no outro é justamente nos distanciarmos e adotarmos uma visão mais clara, como quem corrige um olhar míope. Com o passar do tempo e paciência, você não vai mais enxergar o que imaginou no outro, nem aquilo que seus amigos descreveram. Em vez disso, como eu descobri, verá a realidade. Nem bela nem feia, apenas verdadeira e sem disfarces.

Tenha calma.

A jornada do amor é uma, e a jornada do desapego é outra, não do outro, mas dos planos que fizeram juntos.

E lembre-se: ninguém é perfeito. Nem você nem aquele alguém que fez parte da sua vida. A busca pela perfeição é o ápice do delírio em um relacionamento.

O sexo

Não existe teoria psicanalítica que diga o contrário: o sexo é, sim, um indicador da qualidade do relacionamento e da intensidade que ele tem.

Podemos lembrar que uma relação de cumplicidade, amor, parceria e tudo mais que você julgar importante, sem sexo, torna-se uma grande amizade. Assim, precisamos prestar atenção na qualidade, na frequência e, também, na busca por intimidade enquanto estamos juntos ao ser amado. Obviamente, no princípio, no ápice da paixão, não há lugar nem tempo ruim: tudo pega fogo e qualquer oportunidade já nos faz desejar aquele beijo mais quente ou a pegada mais forte.

É extremamente normal que essa intensidade diminua; o grande problema surge quando percebemos que não estamos mais desejando o outro e – pior – quando começamos a perceber que também não estamos mais sendo desejados. Além disso, não se sentir desejado ainda fere nossa autoestima de um jeito devastador.

Às vezes, de fato, aquela relação que você imaginou que seria um namoro perfeito não tem a química necessária para ultrapassar a barreira dos amantes eventuais. Inclusive, a possibilidade de essa relação eventual ser mais duradoura do que um namoro de fato é muito maior, desde que o acordo entre as partes seja muito bem-determinado e os corações não estejam tão entrelaçados. Pegar sem se apegar não é para todo mundo.

Eu me lembro de todas as nossas aventuras: no escritório, no hotel, no carro, viajando ou em casa antes de trabalhar, mas não consigo me lembrar de quando isso desapareceu. Acredito que talvez tenhamos avançado rápido demais nas coisas, e reconheço que fui em grande parte culpado por querer criar um espaço para nós. Esse "nós" que ainda não tinha lugar definido.

Muitas vezes, queremos tanto ter o outro por perto que acabamos por aprisionar nosso amor. Veja bem, meu bem, o amor é um pássaro que precisa sair para voar. Se voltar, é porque encontrou seu ninho.

Ainda que o teste para uma relação possa ser o tão desejado morar junto, ao realizá-lo, corremos o risco de prejudicar algo com grande potencial. Conviver é para poucos e requer maturidade na relação, algo que só o tempo e a experiência conseguem proporcionar.

Pode acontecer de você se dedicar tanto e acabar substituindo o papel de parceiro romântico pelo de pai ou mãe. Com isso, a sensualidade e o bom e velho tesão vão gradualmente desaparecer sem que os dois percebam, até aquele dia em que percebem que, depois do jantar, simplesmente se abraçam e dormem juntos, sem mais nada.

Prestar atenção ao sexo dentro de uma relação não significa anular todas as outras facetas do relacionamento, e sim reconhecer quando o namoro ou casamento se transformou em uma mera amizade e nada mais.

No meio do caminho, existe, sim, a possibilidade de reverter esse fogo baixo. Afinal, tanto nós quanto o outro acabamos por nos entregar às camisetas furadas e a dormir sem tomar banho.

Se notarmos a tempo essa falta de desejo, nossa ou do outro, vale a pena dialogar e buscar mudanças.

O amor é um pássaro que precisa sair para voar. Se voltar, é porque encontrou seu ninho.

A comparação

Quando saímos de um relacionamento e iniciamos outro, mesmo que não tenha sido tóxico, inevitavelmente começamos a comparar o que tínhamos com o que estamos experimentando agora. Em geral, estamos em busca do que tínhamos antes, e toda frustração parece insuficiente.

Primeiro, é necessário passar pelo luto do término e, a partir desse machucado já cicatrizado, depois, podemos começar a viver sem tantas comparações, ou melhor, sem trazer o passado para o presente.

Nem tudo foi ruim, assim como nem tudo foi bom o tempo todo. No entanto, nossa memória é muito seletiva, sobretudo quando estamos apaixonados, decepcionados ou encantados por alguém. É nesse ponto que a atenção se faz necessária: "Será que era tudo isso mesmo? O que poderia ser melhor? O que não era tão bom, mas que eu fingia que estava tudo bem?".

Esse "fingir que está tudo bem" é algo que nos afeta profundamente, pois percebemos como nos adaptamos à insatisfação apenas pela conveniência ou cegueira emocional, mesmo com um mundo de possibilidades para explorar.

Das experiências que tive depois de você, a pior foi quando, em "brincadeiras", certo alguém começou a me destruir. Sorrindo, essa pessoa me chamava de gordo, dizia que eu era velho, de maneira "carinhosa" comentava sobre minhas cicatrizes e o quão invasivas elas pareciam, e até tentou mudar meu nome, me chamando por um codinome nada afetuoso. Foi vivendo isso que percebi o quanto nada disso sequer era por você mencionado. Entendi que, para você, nada dessas coisas que me fragilizavam fazia diferença, e confesso que foi impossível não te amar ainda mais.

Depois disso, acho que me apaixonei pela sua indiferença em relação aos meus defeitos e entendi, inclusive, por que isso me fez tão mal quando terminou comigo. Minhas inseguranças nunca foram reforçadas por suas palavras ou atitudes; elas realmente eram só minhas. E, se você enxergava esses "defeitos", nunca me deixou perceber.

Obviamente, nem todas as novas pessoas foram tão desagradáveis quanto essa, mas foi com essa que percebi o que você sempre me disse: "Eu não ligo para nada, só me importo com o jeito que me tratam, e você sempre me deu muito carinho". Hoje, eu acredito nisso.

A melhor maneira de lidar com esse tipo de situação é estar seguro consigo, como mencionei no início. É crucial ter algumas coisas muito bem-resolvidas, como a segurança quanto à própria identidade.

Quem disser que é fácil obter isso estará mentindo. Todos nós temos nossas fragilidades e pontos de incômodo. A atenção deve vir quando você perceber que alguém está tentando diminuí-lo ou deixá-lo vulnerável.

Existem pessoas que só conseguem se sentir seguras dessa maneira, pois, apesar da beleza que ostentam, suas almas podem ser ainda mais frágeis e machucadas do que as de outras pessoas. Ao destruir o outro, elas conseguem se sentir "mais fortes".

Preste atenção nos detalhes, mas não precisa ficar obcecado com tudo o que é dito. Todos nós cometemos deslizes, especialmente quando estamos conhecendo alguém novo. Sugiro que, ao perceber uma série de comentários que te depreciem, você afaste essa pessoa de suas intenções amorosas.

Brincadeiras que envolvam características depreciativas precisam de atenção, sobretudo se forem repetidas. Já conhecemos o suficiente sobre nós mesmos e sobre o que nos incomoda. Ninguém precisa brincar com nossas dores para se sentir mais forte ou bonito.

Pessoas seguras encantam mais do que apenas pessoas bonitas, geralmente porque elas fazem você se sentir cada vez mais bonito. Quando encontrar alguém assim, cabe a você receber essa validação, agradecer e retribuir de alguma forma – o amor também envolve trocas.

A âncora

Existem diversas formas de nos mantermos vinculados ao outro, seja provocando distância, falando mal, proclamando nossa independência "porque o outro não era bom o suficiente", seja buscando informações como quem não quer nada e até tentando ser amigo dos amigos e da família.

Essa busca por manter o vínculo não se refere à tentativa madura de manter uma relação saudável com alguém que fez parte de nossa vida; trata-se, na verdade, de uma forma de ancoragem que nos impede de seguir em frente para explorar o mar de oportunidades, desejos e erotismo que nos cerca.

A relação de amor envolve a presença do ódio e é justamente na tentativa de odiar ou desprezar o outro que deixamos claro que ainda estamos ligados e dependentes da relação que terminou.

Quando falamos que a indiferença é o maior sinal de libertação de um vínculo, estamos tratando justamente de um comportamento que acontece com a naturalidade de uma cicatriz sendo formada.

Ao proclamar vida livre, você está dizendo aos quatro cantos: "Queria estar na prisão". Até porque uma dor conhecida acaba sendo apenas um incômodo, e uma nova dor pode ser dilacerante; então, acabamos escolhendo seguir num sofrimento em cuidado paliativo no lugar de extirpar o que nos machuca.

Outro dia, enquanto atendia uma paciente, percebi que estava criando, através do caso dela, um espelho para o que eu mesmo vinha vivendo. Enquanto a ouvia falar das tentativas de provocação com o ex-marido, da vontade constante de instigá-lo e até da tensão sexual que surgia quando se encontravam em eventos com amigos e tomavam algumas cervejas, vi diante de mim um reflexo e uma mistura de atitudes que já havia adotado e outras que desejava experimentar.

Sabe, acho que você estava certo: de certa forma, você viu o que eu tentava esconder de mim mesmo. Tenho me questionado sobre o quanto fiz questão de me aproximar dos seus amigos para estar sempre atualizado sobre você.

Lembro-me de quando me disse que se sentia sufocado com o fato de seus amigos sempre estarem ao meu redor, de eu sempre estar envolvido nos assuntos deles e de, alguma forma, estar sempre presente quando deveria estar ausente.

Percebo agora que, sem perceber, nunca dei espaço para você sentir saudade. Sufoquei você, mesmo tentando manter uma postura indiferente. Mais uma vez, reconheço minha imaturidade ao desejar tê-lo por perto, ainda que apenas por sua presença indireta. Entendi que, ao fazer isso, também me prejudicava. Realmente, não valeu a pena. Apesar de importante para mim, percebo que tentei da maneira errada tê-lo sempre ao meu lado.

Reconheço que erramos em diversos pontos, talvez motivados pelo sentimento mútuo que tínhamos, mas expresso de formas diferentes por cada um de nós. Afastar-se pode ser complicado, mas percebo que é necessário. Já faz algum tempo que comecei a me distanciar dos seus amigos, não por eles, mas para te dar espaço e para você ter a quem recorrer quando precisar de apoio. Não é que eu deseje que você precise de um ombro, mas entendo que todos nós, em algum momento, podemos precisar, como eu precisei tantas vezes e me senti sozinho. Não quero que você se sinta assim, pois, como já mencionei, amar é desejar o bem, mesmo que signifique estar distante (pelo menos por enquanto).

Um navio ancorado se move pouco, e apenas em tempos de mar turbulento. Mas será que precisamos, ou melhor, será que merecemos arrastar essa âncora e deixar uma saudade não resolvida marcar nosso presente?

Para que novos relacionamentos possam surgir, precisamos experimentar. Muito provavelmente não será no primeiro beijo ou na segunda transa que você ou eu vamos encontrar o novo alguém, mas, se pelo menos fizermos isso sem arrastar correntes, teremos a chance de provar por inteiro aquele momento.

Levantar âncoras para seguir a navegação é fundamental para que aqueles que estão a bordo deste navio se sintam confortáveis e bem-vindos. Quem gosta de navegar em mar agitado sente-se mal, enjoa e até pode se machucar; não vale a pena.

É necessário se desapegar do amor e de tudo a ele ligado, pois nada disso será permanente. Aos poucos e à medida que estejam bem-resolvidos e com o término bem-elaborado, as amizades podem ser retomadas de maneira mais saudável, não sendo o ex-amor o vínculo entre vocês, mas, sim, quem são. É provável que alguns desses laços realmente se percam, mas isso indica que eles não precisavam se estender além do tempo que duraram, e tudo bem.

O que nunca estará bem é a manutenção de vínculos com pessoas apenas pelo interesse de tê-las por perto, quando elas claramente não nos querem mais como amantes. Respeitar o outro é, de fato, uma forma de se respeitar também.

Tudo que nos liga ao outro pela dor, pelo incômodo ou pelo amor são formas de ancoragem em um porto já conhecido, que não precisa ser revisitado. Desbravemos o mundo.

Para viver o amor, precisamos estar disponíveis, criando espaço e tranquilidade, não só para receber o outro, mas também para perceber a leveza que pode existir na solidão de nossa própria presença.

O tempo

Após um longo período sem conseguir encontrar inspiração *para falar sobre você e o amor, eis que numa tarde fria de segunda--feira me lembrei de quanto tempo você disse ter ficado triste pelo nosso término: apenas uma semana.*

Ouvir você falar sobre isso como se fosse uma longa jornada me deixou atordoado. Lembro-me de ter sentido vergonha ao admitir que passei quase três meses chorando no intervalo dos meus compromissos profissionais e familiares, seguidos por quase cinco meses de tristeza e falta de brilho, além de mais alguns com os olhos baixos, me reerguendo do tombo que significou o nosso término. Sim, no total levei um ano para processar o nocaute emocional que você me causou.

O tempo necessário para superar eventos marcantes precisa ser considerado, mas é fundamental avaliar como ele se relaciona com as idades das pessoas envolvidas. Quanto mais vida vivida, mais tempo de dor sentida; quanto menos anos de experiência, menor a necessidade de dias de lágrimas ou tristeza. Não me refiro necessariamente a uma falta de sentimento ou a um término porque a relação esfriou quando deveria esquentar, mas do processo de amadurecimento de cada um. A idade nem sempre está ligada à maturidade, mas, nesse caso, interfere bastante simplesmente porque o tempo maior reflete também um maior número de experiências, sabores, amores e desamores vividos.

Quanto mais provamos vinhos, mais apurado fica nosso paladar (e olha que nem estou falando necessariamente sobre vinhos aqui). A idade pode não ser um fator fundamental numa relação – percebe que falo em possibilidade? Relacionar-se é como jogar, já que sempre existem diversas oportunidades que a gente só descobre jogando (novamente, não estou falando sobre jogos).

O tempo e a intensidade dizem muito sobre expectativas e maturidade. Colocar isso na mesa nos ajuda no processo de reconhecer que acabou, que era bom (ou parecia ser), mas agora faz parte do passado. O tempo de sofrimento do outro não tem a ver apenas com a relação com você desenvolvida, mas com a relação que essa pessoa tem com o mundo e com o que ela pôde provar para criar os próprios parâmetros.

Hoje eu entendo que a sua dor de apenas uma semana não dizia respeito à falta de amor, apenas à falta de experiência, assim como meu ano de lágrimas não foi por falta de maturidade, e sim pela falta dela em relação ao amor. Nenhum de nós sofreu mais ou menos; sofremos de formas diferentes, e eu percebi isso quando a gente se reencontrou.

As cartomantes

Quando uma relação, amorosa ou não, termina, sempre se inicia a busca por uma explicação não óbvia. Os envolvidos tendem a procurar qualquer justificativa que os isente de culpa, buscando a certeza de que fizeram o suficiente. Primeiro, saiba que você pode ter feito o suficiente. Na verdade, é bem possível que tenha feito muito mais do que o necessário para fazer alguém feliz. No entanto, uma relação não é construída apenas por uma pessoa; ambos os envolvidos devem contribuir para que o casal exista. Sem a participação dos dois, não há casal.

É quase irônica a quantidade de vídeos de cartomantes a que assisti no TikTok depois que você terminou comigo. Passei madrugadas escutando sobre o quanto você estava sofrendo e o quanto sentia minha falta. Ouvi centenas de vezes que você me mandaria mensagem no dia seguinte, e foi de amanhã em amanhã que esperei por seu arrependimento por mais de um ano.

Obviamente, durante esse tempo, não fiquei em casa comendo chocolate e assistindo a comédias românticas na TV. Saí muito e me diverti bastante, especialmente quando as cartomantes diziam que você estava sofrendo. Ouvir aquilo era como um combustível, uma esperança de que você voltaria. Nunca desejei seu sofrimento, apenas ansiava que compreendesse um pouco do que eu estava passando.

Muitos profissionais mais holísticos podem argumentar que sua força de pensamento está atraindo esses sinais, mas posso afirmar que, graças à tecnologia, tudo isso se resume a um jogo de dados cibernéticos que detectam o que mais te satisfaz e te oferecem isso em abundância. Já que o TikTok não pode trazer de volta o seu amor, ele oferece justamente algo que simula esse sentimento de maneira vívida. No final, ao consumir essas palavras com fundo de música triste, você estará consumindo a si mesmo e comprometendo a própria saúde mental.

Não há um comparativo de toxicidade entre observar a vida do outro pelo Instagram ou viver a ilusão das cartomantes do TikTok, pois ambas as ações envolvem alguém que não está permitindo que o término da relação seja vivido. Com isso, a dor nunca acaba, pois se retroalimenta.

Hoje, parece ser mais difícil se afastar daquilo que nos machuca, exatamente por causa da quantidade de meios de acesso à informação que nos são oferecidos. Você silencia de um lado, bloqueia de outro, exclui em outro lugar e, mesmo assim, em algum momento, uma foto com a pessoa marcada aparece, e sem querer (mas querendo) acaba curtindo e se entristecendo novamente.

Já lhe disseram que antigamente era mais fácil se afastar de alguém para que a dor passasse? Mentira. A todo momento é sempre tempo de amar e sofrer, não importam os meios. O fim é sempre o mesmo: dor, lágrimas, reconstrução e vida que segue.

Não são as cartomantes que te enganam, mas, sim, você mesmo, prendendo-se a uma história que acabou com base em palavras completamente neutras de alguém que nem sabe que você existe.

O líquido

Existe um autor e sociólogo que admiro muito chamado Zygmunt Bauman. Uma de suas análises sobre a sociedade pode ser facilmente aplicada nos dias de hoje e, ao que tudo indica, por muitos e muitos anos. Bauman classificou o comportamento social como "líquido".

Se você está se perguntando o que isso significa, posso explicar de forma simples: é líquido porque nada tem forma fixa ou pode ser "segurado com as mãos", pois escorre entre os dedos. Com isso, Bauman diz que tudo agora é efêmero e nada se mantém.

Você notou essa mudança? Reflita sobre a rapidez com que os relacionamentos surgem e acabam atualmente. Observe como as regras não conseguem mais se manter por muito tempo e como a tradição se tornou obsoleta, enquanto características antes consideradas permanentes agora se tornaram mais fluidas. O que eu te pergunto é: isso está gerando impacto positivo? Como psicólogo, posso afirmar que grande parte dos transtornos mentais e relacionais está concentrada exatamente na insegurança decorrente dessa constante mutação.

Sempre respeitei muito o seu jeito de ser, sua maneira imatura de ver o mundo (apesar de manter os pés bem firmes no chão na maioria das vezes), mas confesso que nunca me senti completamente seguro ao seu lado. Cada dia você tinha uma opinião, um desejo, um plano diferente, e isso me perturbava.

Eu costumava olhar para você e atribuir tudo o que fazia à falta de maturidade, mas aos poucos – confesso – você acabou se tornando um objeto de estudo. Observando você, comecei a perceber um reflexo vívido de como a geração mais jovem se comporta e se relaciona hoje em dia. Por um tempo, inclusive, me puni por não conseguir concordar com isso. Você nem imagina, mas eu me sentia muito antiquado. Talvez tenha sido por isso que não consegui sair com você e seus amigos. Acho que foi aí que começamos a nos distanciar. Já percebeu quantas amizades "de longa data" você começou e terminou em apenas um ano?

É claro que precisamos compreender que tudo muda o tempo todo, que os tempos são outros e precisamos nos atualizar, mas essa falta de capacidade de escolher, de abrir mão de algo por outra coisa, está de fato afetando as pessoas. Aprender a escolher é parte fundamental do amadurecimento, e isso não implica que todas as escolhas serão corretas ou assertivas. Escolher é colocar-se em um lugar de vulnerabilidade, arriscar, errar e aprender, amar e sofrer. Escolher é viver a vida adulta e compreender que nem tudo será nosso.

Quem luta pela tradição tem medo de arriscar e aprender com a evolução, preferindo manter-se na ignorância do que já sabe e domina. Por sua vez, ignorar completamente o passado e apostar inteiramente no novo é se entregar à imaturidade de não refletir, contextualizar e conectar os pontos sobre o que é bom, o que dá certo e o que podemos mudar.

Uma vez mais, reafirmo que o caminho do meio é o mais benéfico, enquanto estruturas mais sólidas são capazes de contribuir para uma vida mais satisfatória. Essa abordagem excessivamente fluida e vazia não nos conduz a lugar algum, exceto às farmácias em busca de remédios controlados.

Escolher é colocar-se em um lugar de vulnerabilidade, arriscar, errar e aprender, amar e sofrer.

O romântico

O sentimento que tradicionalmente conhecemos como doce, encantador e sempre carinhoso é geralmente rotulado como amor romântico. No entanto, e se eu te disser que essa concepção de amor é, na verdade, uma construção social?

Para entendermos isso, vamos dar uma olhada na História. O movimento romântico surgiu na Europa do século 18 como uma forma de valorizar os sentimentos humanos em contraposição à razão. Naquela época, o movimento iluminista, centrado na razão, dominava a sociedade. No entanto, alguns pensadores defendiam a necessidade de tornar o mundo um lugar mais agradável e menos duro. Já entendeu aonde quero chegar?

O amor, como já disse, nada mais é do que uma angústia constante, um tipo de dor e até de sofrimento. Pode ser também uma forma de solidão e de autocentramento, na qual se olha para o mundo e só se enxerga a si próprio. Aos poucos, porém, nos venderam a ideia de que o amor é algo muito diferente, romantizando essa angústia.

Veja bem, a capacidade de administrar seus impulsos é fundamental para viver o amor de modo mais ou menos saudável. Todos nós somos angustiados, mas sempre encontramos maneiras de lidar com o que pode nos bloquear e até ultrapassar esses obstáculos, mesmo que muitas vezes o façamos de forma inconsciente. Esse amor do cinema, dos filmes de comédia romântica, dos dramas românticos, assim como o de milhares de livros e reflexões, foi nos educando e construindo nossa perspectiva sobre esse sentimento. Automaticamente, quando entramos ou pretendemos entrar em uma relação, somos invadidos por diversas projeções sobre como seria viver aquilo. Projetamos a possibilidade do amor e as formas corretas de dar e receber esse sentimento.

Eu me lembro das inúmeras vezes que investigava suas redes sociais, procurando algo de que gostasse, só para te enviar de surpresa numa tarde qualquer. Também me recordo de quando te mandei flores mesmo após o término, para te parabenizar pelo novo emprego. É claro que, no fundo, eu só queria me fazer presente, na esperança de que você me visse como sua metade. Fiz tantas coisas que projetei como demonstrações de amor, que vi em filmes, séries ou mesmo nas redes sociais de outras pessoas. Talvez eu simplesmente não tenha feito o suficiente para ser mais do que aquele que sempre te surpreende. Afinal, depois de tantas surpresas, tudo parece se tornar óbvio demais.

Essa construção cinematográfica do amor alimenta nossas frustrações futuras ao nos vender a ilusão de completude por meio do outro. Você pode dizer: "Ah, mas hoje em dia estão abordando de modos diferentes", mas não exatamente, caro contestador. No fim das contas, todas as histórias terminam naquele encontro final ou desencontro total. E o que acontece depois?

É muito simplista resumir o amor a um desfecho épico, como se a conquista fosse o fim dos problemas, mas não é. Na verdade, a conquista é apenas o início da jornada, repleta de desafios como conhecer, agradar, ceder, conquistar, planejar, frustrar e muitos outros.

Vale a pena? Claro que sim, mas é necessário ter vivido muitas decepções para descobrir que nem tudo é o que parece ser e que também somos parte do problema. É crucial estabelecer parâmetros para comparar e compreender o que nos é oferecido, a fim de discernir o que nos traz verdadeira felicidade e realização. No entanto, é importante ressaltar: não romantize relações tóxicas.

O que é o "romântico"? Talvez seja uma perspectiva um tanto distorcida da realidade, que projeta uma idealização além do que realmente existe, quando preferimos enxergar o que desejamos ao invés do que está sendo apresentado.

É essencial encontrar um equilíbrio entre o realismo e o romantismo para evitarmos viver na ilusão ou na amargura.

A capacidade de administrar seus impulsos é fundamental para viver o amor de modo mais ou menos saudável.

O espaço

Acredito que todos já tenham ouvido falar sobre a importância de dar espaço ao outro em um relacionamento.

Quando abordamos o conceito de espaço, estamos mencionando a necessidade de períodos de ausência para fortalecer a relação. É crucial destacar que isso difere completamente dos jogos de conquista comuns na adolescência.

O conceito de espaço envolve a habilidade madura de desfrutar da própria companhia e, ainda mais, da presença da pessoa amada, permitindo-nos sentir saudades do outro enquanto respiramos mais tranquilamente, sem aquela ansiedade de descobrir e encantar alguém especial. No entanto, com essa liberdade surgem diversas possibilidades, incluindo a chance de um dos parceiros perceber que estar sozinho é uma opção agradável. Isso não indica necessariamente que a relação seja problemática, e sim que um dos indivíduos está passando por um momento específico ou deseja explorar essa experiência.

Recordo-me de um sábado à tarde quando, de repente, recebi uma mensagem sua dizendo que sentia saudades. Acredito que havia me afastado por alguns dias, talvez no máximo um ou dois, para fazer exames. Ouvir aquilo me transportou para o céu; acho que nunca ninguém havia me dito que sentia saudades de mim antes. Certamente, isso foi um golpe na minha autoestima já fragilizada, e, desde então, não desejava mais estar sem você. Mesmo estando sempre tão perto, ansiava por tê-lo ainda mais próximo, o que me leva a pensar que não foi um equívoco, mas, sim, algo benéfico, pois aprendi o valor da saudade em um relacionamento.

Permitir-se sentir falta vai além de um masoquismo emocional; é um exercício de autoestima e autocuidado. Afinal, sem a habilidade de lidar com a ausência, não podemos apreciar plenamente a presença. Você já ouviu falar que o excesso é prejudicial? Isso se aplica à criação dos filhos, ao desenvolvimento de um relacionamento e à manutenção de um casamento. O excesso de proximidade e a ausência em demasia podem prejudicar tanto as pessoas envolvidas quanto os laços estabelecidos.

Saudade é o amor que permanece.

Se ela não estiver presente, pode indicar uma disfuncionalidade no relacionamento. Permita-se sentir e permita que o outro também sinta um pouco de falta. Afinal, o que é a vida senão a habilidade de gerenciar riscos?

O sofrimento

Em algum momento, absolutamente tudo se desgasta, inclusive o sofrimento. Mesmo que pareça interminável, eventualmente ele passa, mesmo que nos deixe abalados. É nesse momento de queda que compreendemos que o mundo continua a girar. O sofrimento é, sim, uma opção, dependendo da nossa disponibilidade em reconhecer, de forma madura, se nossas escolhas foram ou não acertadas.

Quantos alertas recebemos ao entrar em determinadas relações, sejam elas amorosas, de negócios ou amizade? Sempre há alguém que avisa, dá um toque ou simplesmente observa em silêncio (às vezes, ele fala mais do que mil palavras!). No entanto, optamos por seguir nossa tão famosa intuição.

Você já considerou que o que muitos chamam de intuição pode, na verdade, ser um olhar influenciado por uma combinação de desejos, fetiches, traumas e autoestima? É um combo complexo de detectar, não é mesmo? Pois bem, se apesar de todos os avisos decidimos seguir essa tal intuição, precisamos estar prontos para administrar tudo que poderá surgir pela frente, inclusive um término, seja por qual motivo for. Costumamos confundir a dor com o sofrimento, mas há uma diferença gigantesca entre os dois.

Quando uma relação chega ao fim, dói, machuca, acabamos nos sentindo sem chão. Mas, como qualquer ferida, se tratada adequadamente, deixaremos de senti-la com o tempo.

Permanecer na dor é o que chamamos de sofrimento. É continuar olhando apenas para algo que não deu certo, desejando ardentemente voltar e tentar mais uma vez. No entanto, há situações em que isso não é viável ou não deve acontecer.

Eu tentei reconquistar e trazer você de volta, mas, quanto mais persistia, mais me machucava. Entendi que, enquanto a situação estava completamente resolvida para você, para mim ainda persistia o cheiro da dúvida. Hoje, percebo que a incerteza não era sua; era inteiramente minha. Era uma dúvida se eu genuinamente te desejava ou se estava apenas prolongando aquela dor que, de alguma forma, dominava cada sessão de terapia nos últimos meses. Então percebi que estava me tornando monótono, imerso em meu próprio sofrimento, enquanto você aproveitava a vida e todas as novas experiências. Gradualmente, compreendi que meu sofrimento era apenas um fetiche imaturo.

Quando reconhecemos a fonte da nossa dor, torna-se mais simples compreendê-la e, de certa forma, controlar o sofrimento.

E note que estou falando em controlar o sofrimento, e não a dor. O sofrimento é uma escolha, algo opcional. Já a dor é inevitável, conforme sabiamente expressou Monja Coen.

Quando doer, permita-se sentir, mas deixe ir. Não se prenda à dor. Permita-se sofrer, embora não por muito tempo. A vida passa, e com ela surgem várias outras oportunidades de felicidade.

A indiferença

Com frequência, precisamos nos libertar das regras e da ansiedade de controlar o outro para que a relação se estabeleça em bases de admiração e bem-estar constante. As cobranças revelam uma insegurança destrutiva para qualquer relacionamento e sufocam qualquer indivíduo, independentemente de sua maturidade. Ao tirar o espaço de alguém, por mais que se goste dele, o amor tende a morrer. Assim como as flores, todos precisam respirar.

Os excessos são tão ou mais tóxicos que as faltas. É preciso equilibrar e dosar tudo o que se oferece. Se o seu parceiro precisa sair sem você todos os dias da semana, a relação está sendo unilateral. Se ele precisa de você todos os dias e em todas as horas como única e imprescindível companhia, talvez, em vez de ser um companheiro, essa pessoa esteja se tornando dependente e uma presença prejudicial em sua vida. A vida de um casal precisa existir para além dos dois, mas também com os dois.

Lembro-me de quando questionei sua necessidade de estar sempre com seus amigos e de fumar um baseado à noite quando chegava em casa. Eu me perguntava por que você precisava estar sempre alienado para estar comigo. Isso me fazia mal a cada nuvem de fumaça que via se dissipar pela varanda, enquanto contemplava o amor ao seu lado.

Existem diversas maneiras de fugir da realidade de um relacionamento que está definhando. Podemos tentar nos refugiar nas redes sociais, buscando uma falsa conexão e validação externa, ou recorrer a vícios lícitos ou ilícitos, anestesiando a dor e a frustração com a ilusão de fuga, ou, ainda, optar por simplesmente ignorar as necessidades da pessoa ao nosso lado, fingindo que tudo está bem enquanto nos afundamos em um mar de ressentimento e indiferença. Estabelecer algumas diretrizes de convivência, como não estar constantemente juntos, reservar espaços individuais e tempo com amigos, é importante, eu diria até fundamental. Como dizem os mais experientes, mas sempre pertinentes "aquilo que é acordado não custa caro".

Acho que me perdi no espaço que tentei te conceder. Ele foi tão grande que acabou criando um vale entre nós. Em vez de te oferecer liberdade, acabei entregando algo muito diferente, talvez até indiferença.

Não fazer questão ou não parecer fazer questão pode ser a forma mais velada e dolorosa de tratar alguém de quem você gosta e com quem se relaciona. É fundamental que, ao estar com alguém, se ofereça segurança. Como alguém pode viver em paz e sem conflitos se o parceiro não demonstra por palavras ou atitudes que você não é apenas uma opção, mas, sim, a escolha principal?

No jogo da indiferença, todos perdem. Por mais que ela de fato não exista, a sombra de sua presença já destrói a construção de algo que poderia ser bom. Ser indiferente não é apenas desconsiderar o outro, mas também a si mesmo, resultando em uma vida morna, carente de experiências que dão significado à existência. Cuidado com os jogos, pois alguém sempre sai perdendo, e esse alguém pode ser você. Mesmo que alguém tente ser indiferente, no fundo, carregará consigo algum tipo de trauma, queira ou não.

No jogo da indiferença, todos perdem.

A opinião

Não existe opinião mais ríspida, direta e prática do que a de alguém que vive a mesma mágoa que você. A maneira simplista com que um amigo lhe diz o que fazer e como dominar seus sentimentos revela o tamanho do ressentimento desse "orientador". Em momentos de vulnerabilidade, é natural buscarmos conselhos de pessoas próximas, mas lembre-se: ninguém conhece as histórias como quem as vive. Além disso, muitos desses conselheiros não querem olhar além da própria mágoa.

Para alguém que diz estar sofrendo mais do que você, seu problema pode parecer menor, certo? Antes de ouvir opiniões e conselhos, analise cuidadosamente. Tenha cautela para não absorver a frustração do outro.

Eu ouvi todo tipo de comentário sobre você, mas o que mais repetiam era que só me mantinha por perto por conveniência. Isso às vezes me magoava e em outras me deixava desapontado, porque eu nunca via esse comportamento em você.

Ainda que os apaixonados muitas vezes fiquem um pouco cegos, nunca fui ingênuo, mesmo estando apaixonado. Percebi que a intenção externa era escapar dos próprios labirintos, em vez de me ajudar. No fim da história, já curado da sua falta, percebi que havia uma mistura de mágoa e amor, mas não apenas minha. Foi aí que tudo clareou na minha cabeça e resolvi tirar seu nome do meu vocabulário, pelo menos com algumas pessoas. Essa foi a maneira de curar uma cicatriz que continuava sendo cutucada e se transformava em ferida repetidamente.

Resolver os problemas alheios sempre parece mais simples do que solucionar os nossos próprios. Por isso, mesmo sofrendo por amor como qualquer ser humano, os psicólogos conseguem guiar os pacientes por caminhos de solução e reflexão, distanciando-se dos fatos e olhando diretamente para os casos, situações e sentimentos envolvidos. Um amigo, ou alguém que se oferece para ajudar, muitas vezes busca ser correto em relação à situação. Sem sensibilidade, tenta impor suas "verdades" ao amigo e, de maneira pretensiosa, procura tirá-lo da dor, ignorando seus sentimentos e exercendo pressão sobre ele. É claro que essas pessoas não têm más intenções – ou, pelo menos, preferimos acreditar que não. No entanto, ao fazê-lo, estão compartilhando partes das próprias histórias frustradas, fragmentos de suas dores e muito do que gostariam, mas que não conseguem realizar.

Para se curar de um amor, é necessário passar pela dor e dar tempo ao tempo. Esqueça os conselhos genéricos; embora todos tenham sido magoados, cada situação é única, e a solução que funcionou para alguém pode não funcionar para você – afinal, pode nem ter sido eficaz para quem a ofereceu.

Não existe prova maior de frustração do que a comparação como argumento de defesa. Preste atenção.

Não existe prova maior de frustração do que a comparação como argumento de defesa. Preste atenção.

A falta

A saudade sempre te encontra nos momentos mais inoportunos e despretensiosos. Ela não escolhe hora nem lugar para aparecer; surge no meio de uma música, enquanto você olha para o céu, ou durante um jantar de quarta-feira em uma temakeria qualquer.

Você nunca vai aprender a deixar de amar alguém que marcou a sua vida. Aprende-se a conviver com a falta, com a presença sem toque ou com a saudade sem reciprocidade.

Embora eu tente afirmar que não me importo ou que já superei, apesar de minha vida ter seguido em frente, assim como a sua, e mesmo que eu finja normalidade quando mencionam seu nome perto de mim, carrego você comigo.

Acabei de sair de uma festa na qual queria que você estivesse. Encontrei seu irmão, conversamos sobre você. Eu ri, sorri, fingi estar bem, mas logo arrumei uma desculpa para pegar outra bebida e engolir a vontade de dizer que estava com saudade. Amor não desaparece. Amor marca e dói. Mesmo que não se queira reconhecer, o amor verdadeiro permanece com a saudade.

Precisamos admitir que a relação não retornará e que os dois seguiram em frente, reconhecendo a presença constante dessa ausência. É preciso ter maturidade para enfrentar esse sentimento não para suprimi-lo, mas para aceitá-lo, com todos os outros traumas que moldaram você como ser humano. É importante inserir um ponto de reflexão ao se discutir sobre a saudade. Devemos compreender se o que sentimos é realmente a falta de alguém que amamos ou se essa ausência se refere apenas aos sentimentos ligados a uma história compartilhada. A confusão é uma constante, resultado da mistura de sentimentos e emoções que experimentamos quando estamos apaixonados. É possível que, se você conseguir ter de volta à sua vida essa pessoa que te despertou saudade, depois de algum tempo sinta falta de sentir saudade. E isso é normal: nossa subjetividade com frequência nos confunde, especialmente quando estamos ansiosos para evitar a dor. Como bem expressou Shel Silverstein, muitas vezes, depois de alcançarmos aquilo que sempre sonhamos, percebemos a falta que a ausência faz.

Amor não desaparece.
Amor marca e dói.

A falta de problema

Ao ler um artigo do psicólogo Walter Riso, fui levado a refletir sobre a capacidade de um indivíduo apaixonado em encontrar tempo, mesmo nos dias mais atribulados. Aquele que ama de maneira enlouquecida, na verdade, está preso na dependência. Isso acaba por minar suas próprias habilidades, incluindo a capacidade de racionalizar suas atitudes, pensamentos e disponibilidade para o outro.

É verdade que ninguém gosta do que é fácil. O desafio encanta, a adversidade liga, o mistério é o que desejamos. Mas nem sempre conseguimos agir dessa maneira, principalmente se falarmos em agir naturalmente. Digo isso porque estamos inundados de fórmulas para conquistar, mas raramente se menciona a importância de atuar nessa conquista sem ansiedade ou uma mentalidade orientada por "metas". Ainda que possa ser um sonho, o outro precisa ser um desejo, nunca uma meta. Se for assim, quando a atingirmos, logo estabeleceremos um novo objetivo, e assim sucessivamente, até a exaustão.

Eu não canso de pensar, enquanto escrevo sobre esse assunto, sobre o quanto estava apaixonado pela administração da sua vida. Cada problema que você tinha, eu me deleitava em solucionar. Achando tudo tão simples, me sentia tão útil te servindo. Atualmente, reconheço que essa troca de papéis provavelmente nos prejudicou. Sinto que deixei de ser apenas um namorado para assumir o papel de "pai". Conciliar um relacionamento amoroso com o papel de psicólogo em constante autoanálise é desafiador.

Tudo em você me encantava: seus problemas, dilemas e até sua inocência. Apesar de seus amigos acharem que você estava me enganando, quem se enganava eram eles (e mesmo você). Para mim, você sempre foi encantador em cada detalhe, bom ou ruim. Não me sobrava tempo, mas sempre dava um jeito para estar com você. Senti-me realizado ao te ajudar a crescer, e me sinto pleno em saber que fui o primeiro a te mostrar muitas coisas. Talvez essa marca não tenha sido inicialmente importante, mas se tornou algo significativo e reconfortante quando você partiu: o reconhecimento de que você nunca vai me esquecer.

Enquanto nos envolvemos em relacionamentos e dedicamos nosso tempo ao outro, com frequência negligenciamos o tempo para desfrutar da solidão. É precisamente esse tempo que será lamentado quando refletirmos sobre o que estava faltando na relação que terminou.

O verdadeiro encanto de uma relação não deve residir na servidão voluntária, e sim nos prazeres compartilhados.

A negação

Não é raro que se confundam amor e dependência, principal- mente quando temos um histórico de relacionamentos pouco saudáveis. É crucial atentar não apenas às razões por trás dessa confusão, mas também aos diferentes tipos de dependência envolvidos, sejam eles afetivos, financeiros, sexuais, paternais ou quaisquer outros identificados durante a terapia.

Um ponto relevante é a negação frequente que surge quando nos é apontado esse estado dependente. Ainda que possa parecer uma doença incurável, não é, já que, ao reconhecê-la, começamos a compreender o desamor e, gradualmente, nos encaminhamos para um tipo de autocentramento emocional. Nem tudo é culpa sua. E reconhecer isso permite que você se liberte da meta impossível de reconstruir uma relação que, na verdade, nunca se desenvolveu além da paixão inicial dos encontros, das conversas por mensagem e dos desejos que jamais se concretizaram.

Sabe, dediquei muito tempo tentando compreender por que não consegui mantê-lo ao meu lado. Ficava pensando no que poderia fazer para reconquistá-lo, no que poderia oferecer para ter sua companhia, seus beijos ou dormir de conchinha novamente. Levou um tempo, mas percebi que não havia nada que eu pudesse fazer, pois o desinteresse partiu de você. Não foi porque eu não estava fazendo o suficiente ou porque fazia demais e te privava de sonhar. Simplesmente, o encanto da relação se esvaiu.

O reconhecimento do término pelo motivo do fim da conexão amorosa não fala apenas da incapacidade de um dos lados de prover algo. Pode ser que, apesar da sensação incrível que os momentos a dois são capazes de promover, representem apenas momentos e não sejam suficientes para sustentar uma relação. Talvez tivesse sido mais maduro e proveitoso da minha parte ter encarado nossa aproximação apenas como uma amizade colorida. Assim, não haveria um começo e, por consequência, um fim. Mas quem disse que os traumas permitiram?

Existem muitas relações que terminam pela falta de atitudes ou correspondência suficientes. No entanto, na maioria das vezes, os relacionamentos chegam ao fim porque seu prazo de validade simplesmente acabou. Em um mundo no qual tudo é tão efêmero, é essencial aprender a armazenar bem aquilo que gostamos, assim como fazemos com um chocolate guardado na geladeira, tirando-o alguns minutos antes para apreciá-lo na temperatura, textura e sabor perfeitos.

À medida que o desamor aparece, dê atenção, mas não se culpe. As relações terminam antes de terminar, justamente porque não conseguimos reconhecer isso.

À medida que o desamor aparece, dê atenção, mas não se culpe. As relações terminam antes de terminar, justamente porque não conseguimos reconhecer isso.

O afastamento

Não é estranho que pessoas dependentes afetivamente consi- derem o desligamento gradativo do ser amado uma boa solução para terminar uma relação que já não existe mais. É como se fosse possível diluir a dor da perda em doses homeopáticas, tornando o processo menos traumático. Mas a realidade é bem diferente.

Já passou por aquela coleta de sangue com um profissional inexperiente? Aquele que, por insegurança no ofício, acaba por colocar a agulha lentamente, fazendo você sentir toda a dor da entrada e permanência da agulha por debaixo da pele? Pois bem, é isso que acontece nesta história de afastamento gradativo.

Quando se tem realmente maturidade para lidar com um término, é imprescindível reconhecer a importância de uma cisão direta e sem rodeios. Afastar-se, cortar vínculos, laços e encontros com o ser amado e, inclusive, com amigos e familiares até que o processo de cicatrização do término esteja realmente concluído. Aqueles que valorizam sua amizade ou cultivaram um carinho genuíno por você entenderão o afastamento e, no momento certo, retornarão à sua vida não mais como o amigo do seu ex, mas como seu verdadeiro amigo.

Eu pensei que seria capaz de lidar com sua presença em minha vida, integrando-o à minha rotina como mais um entre os muitos dos meus amigos e conhecidos, mas foi uma ilusão completa, uma demonstração de imaturidade emocional. No término da nossa relação, quem agiu como adulto foi você. Cada vez que não atendeu minhas ligações, me excluiu das suas redes sociais ou me cumprimentou com a distância de um simples conhecido, deixando claro o que desejava. Eu insistia em não enxergar o que estava sendo claramente mostrado.

Na verdade, esses afastamentos graduais são uma forma de viver paliativamente. Como afirmou o sociólogo Byung-Chul Han, é como tentar anestesiar a vida com um remédio que não traz efeitos positivos. Aceitar o término como aquilo que realmente é, um fim, vai reduzir consideravelmente o seu sofrimento.

A busca incessante pela proximidade da pessoa ou daqueles próximos a ela é, na realidade, uma tentativa de viver a relação por tabela, de permanecer na impermanência de tentar viver um amor unilateralizado.

Lembre-se: quem quer, fica. Quem não quer, termina (ou enrola). A dúvida sempre indica uma resposta negativa. O sim é inconfundível.

A lembrança ruim

As lembranças e a saudade de relações terminadas são persis-tentes. É natural para quem sofre de desamor tentar anular a negatividade das memórias. Indivíduos que precisam do outro para ter sentido na vida tendem a se anular em relações, muitas vezes fracassadas, apenas para mantê-las vivas. Alimentam um relacionamento zumbi, morto demais para estar vivo e vivo demais para estar morto.

Embora possa parecer um conselho de alguém magoado, apegar-se às lembranças negativas da relação passada pode ser uma dica terapêutica. São essas lembranças que te manterão firme quando a saudade surgir. Não se trata de ressentimento, mas, sim, de munir-se contra os pensamentos intrusivos. Eles surgem nos momentos de maior prazer, como se o seu inconsciente não quisesse te permitir sentir felicidade. Quando ficamos emocionalmente dependentes de alguém, mesmo após o término, a felicidade pode ser obscurecida por pensamentos como "e se aquela pessoa estivesse aqui comigo" ou "essa música me faz lembrar tanto dos nossos momentos".

Recentemente, encontrei seu irmão com a namorada em um show. A atmosfera era contagiante: tudo estava incrível e divertido. Estávamos juntos, brincando, bebendo e cantando. De repente, eles desapareceram. Fiquei sabendo que tinham ido te encontrar fora da área reservada em que estávamos. Naquele momento, tudo pareceu silenciar ao meu redor. A música desapareceu, os efeitos do gim sumiram do meu corpo e fui tomado por uma sobriedade melancólica assustadora. Minha mente só conseguia se fixar no desejo de ter você conosco naquele camarote. Cheguei até a considerar pedir ao assessor para deixar você e quem mais estivesse contigo entrarem, mas logo me lembrei de que provavelmente seu novo amor estaria presente, e então tive a certeza de que não estava preparado para esse encontro. Naquele momento, percebi que, por mais que eu desejasse não sentir desejo por você, ainda assim pensava em você com saudade. A grande diferença é que hoje percebo que não sinto saudade apenas de você, mas também da carga de estresse que o nosso namoro acarretava. Você sempre ocupou meu tempo, não intencionalmente, mas fui eu mesmo que me envolvi em seus dilemas.

É necessário compreender quando o afeto está direcionado à pessoa ou ao que ela representa. Com frequência, a paixão ou o amor são substituídos pelo prazer da monotonia e da segurança de lidar com alguém sem surpresas. Embora possa ser cansativo, é essencial conhecer gente nova. Dependendo da sua disponibilidade emocional, o novo é capaz de assustar, mas também de encantar.

Para combater pensamentos intrusivos, uma abordagem eficaz é reforçar lembranças de situações não tão boas, transformando esses pensamentos e recordações tristes em uma espécie de muralha contra a saudade. Lembre-se: sua saudade pode não ser por alguém, e sim por algo que você criou para preencher suas carências, seus afetos imaturos e os sentimentos despedaçados por outros.

Naquele dia, se não tivesse suprimido o impulso de te chamar para perto, não conseguiria pensar em nada ruim que não fosse sobrepujado pela lembrança da alegria do seu sorriso quando bebia duas ou três doses. Ainda que não tivesse chamado você, ou tido uma crise de ansiedade, não consegui suprimir o desejo de te ver com qualquer lembrança negativa de nós dois. Foi então que decidi ir embora. Nenhuma música me animava mais do que a vontade de entrar no Uber e seguir de carro pela praia, ouvindo o silêncio das minhas reflexões.

No contexto terapêutico, as fórmulas são com frequência apresentadas como uma maneira de dissolver determinadas agonias. Racionalmente, devemos aplicá-las em busca de resultados, mas, humanamente, precisamos reconhecer quando a batalha está sendo perdida e quando é hora de sair de campo para não ser ferido por algum estilhaço.

A equação entre razão e emoção só se torna precisa se ignorarmos as variáveis inerentes à condição humana: a vida, o pulsar e os desejos. Embora nunca seja fácil, é sempre necessário combater a dor do amor com as lembranças do desamor. Não se culpe, nem se sinta a pior pessoa do mundo – você não é. Apenas precisa desse combustível para sair do lugar em que está.

Respeite seus limites.

Embora nunca seja fácil, é sempre necessário combater a dor do amor com as lembranças do desamor. Não se culpe, nem se sinta a pior pessoa do mundo – você não é.

O inevitável

Certa vez, me perguntaram se era possível passar pela vida sem amar. De maneira enfática e automática, respondi um sonoro *não*. E esta não se trata de uma resposta romântica, e sim de uma constatação analítica.

O amor é uma confusão de sentimentos, cuja identificação pode ser mais fácil quando alguma relação chega ao fim, seja pelo afastamento, seja por morte. Existem três certezas em nossa vida: vamos amar, vamos sofrer e vamos morrer. A maneira como administramos tudo que acontece no intervalo dessas situações é que dará um sentido para a nossa existência.

O amor não é apenas essa representação idealizada pelo mercado e empurrada goela abaixo nas campanhas de marketing de datas comemorativas. Muito menos é um sentimento puro, simples e fácil de identificar. A dificuldade de reconhecer quem ama passa pela certeza de nos assumirmos vulneráveis. Ao fazer isso, você se torna mais fraco, menos senhor de si e, possivelmente, mais frágil. Isso acontece porque, em geral, o amor relacional envolve outro indivíduo. E sobre esse outro: não há a menor chance de controle. Sem essa sensação de comando, muitos de nós ficamos na berlinda emocional.

Amei você com tanta intensidade que me senti frágil, tanto que não conseguia conceber a ideia de viver sem ter você ao meu lado. Não sei se cheguei a te dizer, mas meu maior desejo para você nunca foi nada além de bondade. Espero apenas que você ame alguém como eu te amei, apenas isso.

Amar, sofrer e morrer – nada disso está necessariamente interligado. Apesar de termos a certeza de que quando uma relação termina o sofrimento pode parecer interminável, e se ele acabar será apenas com a morte. Pode parecer trágico, mas não é. Muitas pessoas emocionalmente dependentes se colocam neste lugar de melancolia que nem sempre apenas o divã consegue administrar. Durante a vida, vamos amar muitas pessoas, muitos lugares, conquistas e amores. O reconhecimento e a identificação deles ficarão a cargo da maturidade do olhar de quem estiver em busca de enxergar o sentido da própria vida.

Quando alguém se vai e nos deixa com saudades, diz-se que esse sentimento é o amor que permanece. Isso pode e deve confortar os corações. Embora essa transição não seja fácil, é essencial seguir em frente a partir da dor.

Os amores passam, o sofrimento acaba (e precisa acabar), e a morte, bem, essa ainda nos é uma incógnita. A única certeza que temos é que ela é o fim da jornada, a conclusão de uma história escrita entre risos e choros.

O amor é tão inevitável quanto o sorriso ou as lágrimas. Podemos tentar controlá-lo até certo ponto, mas eventualmente ele nos domina e nos descontrola. E é exatamente nesse descontrole que a vida se desenrola.

Em nossa relação, noto a falta de impulsividade, de intensidade, de tantas coisas. O único elemento presente foi o amor. No entanto, apesar de ser um alicerce, o amor não pode sustentar tudo sozinho, pois, privado do resto, torna-se apenas fragilidade. É como o cimento sem a mistura de areia e água, apenas um pó sem força. Quer saber o que constitui esse "resto"? São todas as coisas que nos faltaram a ponto de não sentirmos saudade.

A gente não morre de amor.
No máximo, sofre até o próximo.

O silêncio

Entre todas as tentativas de explicar o amor, uma delas me chamou muito a atenção: amor é silêncio. O sentido dessa colocação está justamente na quantidade de ansiedade que existe nos primeiros meses ou anos de um relacionamento amoroso.

Assim como já mencionei outras vezes, o amor é um constante incômodo por ser também uma constante descoberta sobre o outro e suas manias, gostos, preferências e modos de ser, viver e olhar para o mundo.

Quando um casal consegue estar em silêncio dentro de uma relação, isso pode significar que a relação acabou ou então que ela alcançou o ponto no qual é possível compreender o outro pelo olhar, pela respiração, pela forma de jogar o casaco na poltrona ou pela escolha do que vai comer.

O silêncio pode mostrar que a relação acabou se ele estiver acompanhado de algum tipo de disputa ou de indiferença pelo outro. Existe uma distância grande entre o não saber e o não se importar. Geralmente percebemos que a relação acabou com a presença desse silêncio de "tanto faz", e vale ressaltar que, em geral, ele pode ser percebido quando ambos vibram nesse mesmo pensamento, com uma breve diferença de gostar, um lado um pouco mais e o outro um pouco menos. Já disse e repito, uma relação acaba antes de acabar, basta observar com a razão.

Já no silêncio do amor estão presentes o respeito pelo dia que pode não ter sido bom, a compreensão do tempo do outro para compartilhar algo que incomoda, a segurança de que ambos estão sendo suficientemente bons na relação. E, principalmente, a maturidade de entender que nem sempre é hora de euforia, e que às vezes tudo de que alguém precisa é estar sozinho ainda que acompanhado.

Quantas vezes eu puxava assunto de onde não tinha só para tentar me fazer presente nos seus dias? Quantas foram as vezes que eu falei sem parar porque morria de medo do silêncio na mesa ou no sofá?

Recordo-me como se fosse ontem do quanto eu desejava compartilhar tudo com você, até mesmo no cinema nas poucas vezes que fomos juntos. O silêncio me perturbava profundamente, pois era nele que eu encontrava a verdade.

Veja você, foi no cinema – e no meio do silêncio, inclusive – que você mais me machucou. Voltamos a nos falar depois de meses de término. Minha esperança era tê-lo de volta em um de nossos reencontros. Quando fiz carinho na sua perna, você disse que aquilo te agoniava. A agonia tinha nome e morava em outra cidade, e era com ela que você estava falando por mensagem durante toda a sessão. E eu me mantinha em silêncio, fingindo que não estava vendo. Era desse silêncio que eu fugi todo o tempo que ficamos juntos.

É preciso observar até que ponto o incômodo no amor existe como forma de crescimento da relação. Pode ser que esse sentimento seja, na verdade, um ensaio para crises de ansiedade, manifestadas por quem está tão inseguro na relação que busca constantemente ser para o outro algo que, muitas vezes, esse outro nem quer ou precisa.

O silêncio do amor-incômodo é justamente o respeito pelo outro que você conhece bem. Já o silêncio do amor-dependente é apenas um ensaio para o inevitável e doloroso término.

É preciso maturidade para viver em silêncio, dentro do silêncio e com o silêncio. No entanto, uma vez que você compreende, ninguém mais pode te tirar essa paz e segurança.

A rejeição

Afastar-se, evitar contato e manter distância são medidas essenciais no processo de cura após um término. No início, a dor pode ser mais intensa, mas gradualmente o sofrimento se transforma em um incômodo suportável, até se tornar apenas uma lembrança, possivelmente boa.

A Psicanálise denomina esse processo de sublimação. Gradualmente, compreendemos e interpretamos algo que nos marcou e causou trauma, aprendendo a lidar cada vez melhor com os resquícios de sentimentos que persistem. Quando esse processo é bem-sucedido, o ser desejado pode até ser rejeitado. Isso não significa que o amor se transformou em ódio ou raiva, mas sim que a intimidade ou proximidade já não fazem mais sentido. Ao sublimar um trauma, ele não desaparece, mas você aprende a conviver com ele. No caso de um término, o amor que sentiu se torna apenas uma parte da sua história, um adjetivo que descreve algo que passou, não mais uma lembrança que provoca lágrimas. Aprendemos a deixar o amor onde ele fazia sentido.

O processo de cura segue um caminho natural: encontros casuais não planejados, tentativas de manter uma amizade "sem interesse", raiva e tristeza ao presenciar o envolvimento do ser amado com outra pessoa, afastamento e indiferença. Ao me afastar, percebi que tudo não passou de um delírio. A vírgula não é um ponto-final, e novas possibilidades surgem no horizonte.

Confesso que não imaginei que chegaria ao ponto de fugir de lugares onde poderia encontrar você. A sede por encontros casuais nas festas dos seus amigos ainda persiste, mas agora sou eu quem não quer mais te encontrar.

O medo acompanha essa vontade de afastamento. Medo de perder a paz que encontrei com essa distância, de tudo que você representou naquela fase da minha vida. Evito falar seu nome, mudo de assunto quando mencionam você e procuro não ir a lugares onde sei que você estará presente. Tudo isso em busca de paz, porque ainda incomoda, mesmo que não doa mais.

Apesar de poética e dramática, a frase "eu te rejeito porque te desejo" é profundamente psicanalítica. Assim como Freud propõe a pulsão de morte dentro da pulsão de vida, podemos dizer que na rejeição ainda existe um resíduo de desejo.

Se você chegou até aqui buscando a solução para a sua agonia em relação à rejeição do ser amado, saiba que está no caminho certo, mas ainda há uma jornada pela frente. A indiferença é o fim, a rejeição é apenas o meio.

A tolerância

Durante a fase da paixão, é comum tolerarmos comportamentos que eventualmente nos desagradam. Pensamentos como *ah, que fofo esse jeitinho* ou *aos poucos, vou mudando isso e aquilo* podem surgir, mas a realidade é que um relacionamento não se baseia em mudar o outro para se adequar às nossas expectativas.

Abrir mão de algo pelo outro, relevar algumas situações ou gostos duvidosos, fechar os olhos para pequenas coisas que não são feitas do seu jeito, ou simplesmente concordar para evitar discussões são atitudes necessárias para evitar conflitos. No entanto, quando tudo no outro te irrita, é preciso analisar o que está acontecendo. Será que a irritação é recente ou sua tolerância diminuiu porque você está perdendo o encanto pelo ser amado?

É importante lembrar que não temos a capacidade ou o dever de catequizar as pessoas que amamos. A paixão surge justamente por aquilo que falta em nós e que, de modo inconsciente, passamos a amar e desejar no outro. Comumente, pessoas extrovertidas se apaixonam por aquelas mais tímidas, e vice-versa. A paixão, como primeiro passo para o amor, é um sentimento que desativa o olhar crítico. Nessa fase, tudo é aceito e admirado. No entanto, à medida que o sentimento (e o indivíduo) amadurece, percebe-se que parte daquilo que antes era admirado não agrada tanto ou não se encaixa em sua vida, rotina ou planos para o futuro. E é nesse momento que a desconexão geralmente começa, muitas vezes mais de um lado do que do outro. Podemos colaborar com a mudança do outro, desde que ele esteja disposto a isso. Caso contrário, vamos impor a construção de alguém semelhante a nós, o que pode provocar ainda mais irritação.

Em terapia, eu me questionava o motivo pelo qual te amava tanto, uma vez que você não tinha nada a ver comigo. Eu queria entender como te conquistei, mesmo me achando tão diferente das pessoas com quem você se relacionaria. Fiquei com isso na cabeça por muitos meses até perceber que aquilo que eu mais amava em você era a sua juventude, sua inocência, seu jeito doce de ainda acreditar no mundo e nas pessoas. Eu amava ver em você tudo que eu já havia perdido em mim e, na tentativa de me recuperar, tentava te mudar. Sei que te ajudei a amadurecer, mas espero não ter modificado nada no seu jeito de viver a vida. Foi por esse jeitinho que me apaixonei.

Se nós aceitássemos tudo o tempo todo, não haveria tantos dilemas pessoais. Passamos a vida contestando a nós mesmos e, quando nos apaixonamos, desejamos moldar o outro à nossa imagem e semelhança. E já sabemos o resultado: desastre. Se nem nós somos capazes de nos suportar, imagine ter que encarar um espelho vinte e quatro horas por dia?

A beleza de uma relação está justamente na dança das cadeiras, na alternância de prazeres, na descoberta do outro e em sua pluralidade de gostos. Nem tudo vai agradar, servir ou ser bom para você. Mas é importante entender que, em um relacionamento, o respeito pelo outro surge justamente da compreensão das diferenças. Foi por conta dessas diferenças que seu inconsciente o atraiu para aquela pessoa. É importante lembrar que nem tudo que o inconsciente te liga ao outro será positivo. Afinal, é ali que estão guardados muitos dos traumas infantis que influenciam nossas rejeições, medos e anseios.

O apaixonamento pelo diferente é natural, pois ele nos completa. Se tivermos uma relação com um "clone", permaneceremos carentes de algo a ser admirado e até de algo para nos incomodar.

Já disse que o amor é uma forma de incômodo, e acho que aqui consigo mostrar para você que, quando nos incomodamos, temos a oportunidade de refletir sobre nós mesmos, mesmo que a impressão seja de estarmos refletindo sobre o outro.

A visualização

As redes sociais se tornaram um campo minado para os corações partidos na era moderna. A esperança e o desespero, a ansiedade e a agonia, a presença e a ausência se entrelaçam em uma teia complexa de emoções, tudo por causa de um simples *like* ou da visualização de um *story*. Quem nunca se viu espreitando a vida de um ex nas redes sociais que atire a primeira pedra. E quem nunca vasculhou as visualizações de suas próprias publicações em busca de um nome familiar? Essa obsessão em ser visto por alguém que já não faz parte da nossa vida leva a uma série de paranoias, especialmente para aqueles que ainda carregam um afeto mal resolvido, um luto relacional inacabado. Em outras palavras, terminaram, mas ainda se gostam.

É importante ter em mente que quem acompanha você após te abandonar não busca nada além de saber se o lugar que um dia ocupou já foi preenchido. Isso não significa que ainda deseja você ou almeja um retorno, apenas demonstra uma curiosidade natural pela vida dessa pessoa com quem escolheu não mais compartilhar. É claro que essa curiosidade também envolve uma avaliação do novo, uma comparação entre o passado e o presente. Será que a nova pessoa é mais bonita? Ou oferece o mesmo que eu? Será que está fazendo meu ex mais feliz do que eu fiz? Será que o problema era eu?

Raramente terminamos um relacionamento com total certeza de tudo. Ninguém tem a autoestima blindada o suficiente para isso. E acredite: se alguém aparenta tê-la, a vulnerabilidade emocional dessa pessoa é maior do que seu ego, apenas mascarada por camadas de "falso *self*" (uma persona criada para se apresentar ao mundo e se proteger dele, segundo a Psicanálise).

Cada story que eu postava e a que você assistia em tempo real era, para mim, um sinal de que ainda me amava e que voltaria arrependido do término. Quando você desaparecia, eu logo pensava: Está se esforçando para não me ver feliz. E, é claro, imaginava que você tinha criado perfis falsos para me observar sem ser notado. Que ilusão a minha. Quantos stories postei fingindo estar feliz, quantos outros tentando demonstrar sua ausência. No entanto, à medida que me desvinculava verdadeiramente de você, a necessidade desses vídeos e frases diminuía. Minha vida voltava a ser privada e sigilosa, vivida e não compartilhada. Confesso que ainda te procuro nas visualizações, mas a grande diferença é que isso não me dá mais esperança, apenas um sentimento de carinho e até mesmo de admiração.

Essa interação virtual, sem dúvida, complica ainda mais o término de um relacionamento. A exposição frequente da vida alimenta dois sentimentos simultâneos: a raiva e a saudade.

Lidar com essas emoções enquanto se cura um coração partido é como trocar a roda de um carro em movimento: tem muito risco. Portanto, se posso dar um conselho a você, é: não precisa dar aquele *unfollow* movido pelo ressentimento, aplique o silenciar da maturidade. Faça um exercício de não ver, ou caçar fotos e vídeos. Se considerar importante, silencie todos os amigos em comum, pois eles entenderão seu afastamento eventual. E isso sem estabelecer um prazo de retorno, pois não há uma meta definida para a cicatrização de um coração partido.

Lembre-se: quem continua acompanhando, observando e até curtindo suas postagens após o término tem mais curiosidade do que afeto. E, ainda que haja afeto, em geral não é o mesmo que você desejaria. Esse sentimento não é amor romântico, mas provavelmente o de uma amizade próxima e curiosa, semelhante à que você já teve com alguém em algum outro momento da vida.

Aqueles que desejam permanecer estão presentes, lado a lado.

A traição

Podemos falar de traição em diversos contextos – no âmbito profissional, amoroso ou na amizade –, e em todos esses casos ela está, principalmente, associada à falta de caráter por parte de quem trai, certo? Talvez, mas, antes da falta de caráter, uma característica bastante comum: a imaturidade.

Ao longo dos últimos capítulos, repeti de modo recorrente o termo "imaturidade" como justificativa para diversos acontecimentos. De fato, a imaturidade é responsável pela forma como lidamos com nossos sentimentos, muitas vezes de maneira leviana quanto ao que o outro e nós mesmos sentimos. O ponto principal para o entendimento do que estou dizendo se dá quando abordamos um tema bastante em evidência hoje, a chamada "responsabilidade afetiva".

Muitas vezes, pessoas imaturas, assim como os narcisistas, carecem da capacidade de exercer esse tipo de responsabilidade. Isso se deve principalmente à falta de empatia, essencial para compreender as necessidades e os sentimentos alheios. É como entender que, se não deseja ter uma árvore no jardim, não deve plantar nem semear sementes. Simples assim.

E todos esses tópicos estão intrinsecamente interligados. A traição, por exemplo, é uma triste indicação de que algo não está indo bem em um relacionamento, ou simplesmente que uma das partes não está pronta para fazer uma escolha. De maneira mais direta: não está pronta para abrir mão de algo em prol de outro.

Quando decidimos nos relacionar, estamos tomando uma decisão e, quer queiramos, quer não, ao optarmos por uma, renunciamos a várias outras possibilidades que o mundo nos oferece. Essa capacidade de renúncia está diretamente ligada a um amadurecimento saudável; escolher abrir mão de algo não é tarefa fácil. Atualmente, podemos observar que muitas pessoas têm evitado essa responsabilidade – deixo aqui uma reflexão social para você.

Quando você admitiu que me traiu, obviamente terminei com você na mesma hora. No entanto, após o seu pedido de perdão, nós voltamos, lembra? Ainda que, devo confessar, naquele momento eu já sentisse que as coisas não voltariam ao que eram antes; a confiança é algo muito frágil.

Após o nosso término, todos ao seu redor pareciam ter alguma história nova sobre você e sobre as coisas que fazia enquanto estávamos juntos. Algumas delas foram interessantes de saber, admito, mas quando me disseram que mesmo estando comigo você ainda saía com outras pessoas, isso me deixou bastante chateado. Sim, ouvi tantas coisas que mal consigo lembrar, e aquelas que recordo não valem a pena serem mencionadas. No fim das contas, a última traição foi apenas mais uma.

A traição pode não sinalizar o fim de um relacionamento, mas um alerta sobre a maneira como esse relacionamento tem sido conduzido, ou mesmo um aviso para a pessoa que tem a intenção de trair, ajudando-a a compreender a origem e a motivação desse desejo.

Trair não é apenas falta de caráter como também uma grande falta de respeito e consideração pela pessoa que você escolheu estar ao seu lado. Perdoar uma traição não nos dá o direito de retaliar da mesma forma; nada é mais infantil que isso. Quando um relacionamento se transforma em uma disputa desse tipo, ele já está fadado ao fracasso, e isso pode justificar a atitude do primeiro de trair.

Quem escolhe perdoar precisa estar ciente de que não está se colocando em um pedestal da bondade; pelo contrário, está se posicionado na linha de frente da vulnerabilidade, principalmente se novos acordos para o relacionamento não forem estabelecidos. A traição desperta desconfiança na outra pessoa e isso pode intoxicar o casal.

No Japão, existe uma técnica de reparação de porcelanas chamada *kintsugi*, também conhecida como carpintaria de ouro. Ela consiste em consertar peças de porcelana com verniz e ouro, evidenciando as marcas e as fissuras de um prato quebrado no lugar de fazê-las desaparecer. Embora demande tempo, paciência e cuidado, essa prática faz com que o objeto se torne potencialmente mais resistente. Por que contei essa história? Para exemplificar que, quando a confiança é quebrada, nada fará com que ela volte à sua forma original, mas é possível, com paciência, tempo, cuidado e vontade, que seja restabelecida, talvez até mais forte do que era antes da ruptura. Tudo depende da verdade, sinceridade e intenção aplicadas dali em diante. Mas lembre-se: o *kintsugi* é aplicado apenas em peças de valor inestimável.

Quando a confiança é quebrada, nada fará com que ela volte à sua forma original, mas é possível, com paciência, tempo, cuidado e vontade, que seja restabelecida, talvez até mais forte do que era antes da ruptura.

A crise de ansiedade

Coração batendo acelerado, falta de ar, cabeça girando e aquela sensação de que o mundo está rodando mais rápido. Parece que o desmaio está prestes a acontecer, e, com ele, vem um desespero, como se algo estivesse entalado na garganta, obstruindo a respiração. Daí surge um choro, daqueles que parecem não ter motivo nenhum – mas têm.

Na Psicanálise, costumamos dizer que a manifestação de uma saúde mental fragilizada ocorre por meio do tipo de sintoma que acabei de descrever. Para aqueles que não o identificaram, trata-se da sensação de um mal que parece afetar uma grande parte da população mundial: as crises de ansiedade.

Somos seres compostos por diversos fatores, entre eles o fator psíquico, que, quando se abala, automaticamente leva o corpo também a colapsar. Muitas vezes, não compreendemos exatamente para o que esse sintoma está apontando, mas é justamente no divã que começamos a perceber que ele representa algo que está mais evidente do que poderíamos imaginar.

Nunca havia experimentado uma coisa semelhante ao que senti no dia em que recebemos pela primeira vez um amigo seu em casa. Eu dava conta da pia, arrumando a louça do jantar, enquanto vocês estavam na sala batendo papo. De repente, me faltou o ar e tudo começou a girar ao meu redor. O tempo parecia ter parado.

Você veio até a cozinha, dizendo algumas coisas que nem consegui entender, mas sorri. Dei uma pequena risada, enquanto internamente implorava para que você me deixasse sozinho. Não queria desmoronar na sua frente, muito menos diante da visita.

Foi a primeira vez que senti aquilo, mas não a última. A frequência foi aumentando. Nunca falei nada para você. Na minha cabeça, aquilo era resultado da dieta restritiva que eu insistentemente fazia. Até que enfim você terminou comigo e, por orientação do meu terapeuta, procurei um psiquiatra. A partir desse momento, tudo mudou e minha rotina ganhou mais um comprimido.

De maneira bastante simples, podemos dizer que a depressão e a angústia estão relacionadas ao passado, o estresse está ligado à angústia presente, e a ansiedade é a angústia em relação ao futuro. Com base nisso, acredito que seja fácil compreender um pouco de onde surgem nossas crises de ansiedade.

A nossa relação com o não palpável é, sim, um fator angustiante. Quando ele está associado a outras situações e, principalmente, a pessoas, tende a se agravar. Basicamente, uma relação acaba se transformando em um amontoado de sonhos e metas, os quais não dependem apenas de um para que se concretizem, e sim dos dois.

Uma relação sem algumas certezas acaba por colocar todos na corda bamba. Obviamente, alguém pode desenvolver maior capacidade para se equilibrar, mas, quando não se tem esse dom, a queda se torna inevitável.

Conversas claras, cartas postas na mesa, diálogo maduro: tudo isso serve como travas de segurança. Então, quando na corda bamba, mesmo sem muito equilíbrio, existe um tipo de segurança que te ajuda a seguir na trilha, e é fator que muitas vezes falta nos relacionamentos. Temos a sensação de que, quando jogamos a real do que esperamos da relação, o outro sairá correndo. Mesmo que isso aconteça, *está tudo bem*. Quanto menos tempo se perde em relações disfuncionais, mais tempo sobra para vermos a infinidade de pessoas e possibilidades que são apresentadas diariamente em nossa vida.

Esse medo de afastar o outro, de tentar ser o que o outro deseja, de tentar se encaixar nos sonhos do outro, é exatamente o combustível para a ansiedade e o desenvolvimento de uma relação tóxica.

Quando decidimos retomar nossa comunicação, sair juntos e tentar uma amizade, jamais imaginei que enfrentaria crises de ansiedade novamente, desta vez mais intensas. Cheguei até mesmo a ser hospitalizado. A dinâmica de idas e vindas, o conhecimento sobre as pessoas com quem você estava saindo, vê-lo com outros em festas, tudo isso era demais para mim, e eu não compreendia completamente.

Depois de ser hospitalizado três vezes, temendo um infarto, retomei a medicação. Aos poucos, comecei a encontrar meu equilíbrio emocional e percebi que ainda não era o momento de tentar reconstruir nossa amizade. Havia muitos sentimentos remanescentes para compartilhar com você, e percebi que a distância era realmente o melhor caminho para minha estabilidade. A zona de conforto pode transformar as relações, mas nem sempre – ou quase nunca – para melhor.

Crises de ansiedade falam de um processo depressivo em andamento e devem sempre ser acompanhadas tanto por psicólogo quanto por psiquiatra. Se em algum momento houver a sugestão de uso de medicação por parte do médico, retire de si qualquer tipo de preconceito bobo. Tratamentos existem para serem feitos. Não há qualidade de vida sem saúde mental estabilizada, lembre-se disso.

Como mencionei anteriormente, o amor pode ser incômodo, mas não deve se transformar em um martírio, muito menos em uma dor carregada de dependência.

Relacionamentos saudáveis são compostos por duas pessoas inteiras, e nunca duas metades.

O emocionado

Toda intensidade deve ser avaliada, embora qualquer ação que saia do estado morno dos relacionamentos possa ser facilmente mal-interpretada (ou não).

É comum usarmos o termo "emocionado" para descrever aquelas pessoas que se entregam um pouco mais do que o habitual, ou que, ao avistarem alguém com quem se identificam, desejam permanecer apenas com essa pessoa. Quando digo que toda intensidade deve ser analisada, refiro-me ao fato de que, em primeiro lugar, tudo que é intenso pode ser intensamente reverso e, em segundo, toda intensidade acaba por revelar uma falta.

No primeiro ponto, estou dizendo que toda paixão pode se tornar um grande ódio, assim como toda necessidade se transformará em um grande desprezo. Esse é um dos motivos pelos quais grande parte dos apaixonados rompe com o outro e o despreza quando a intensidade diminui ou desaparece – e isso acontecerá, pois nada se mantém em intensidade permanente.

Já no segundo ponto, temos um sinal de alerta a que os envolvidos devem se atentar: se no ato de relacionar-se intensamente estão despejando expectativas baseadas em frustrações passadas, pois não farão do outro seu objeto de cura para dores mal tratadas.

"Intenso" não se resume a "emocionado". A percepção do outro como "emocionado" pode revelar as próprias expectativas baixas ou traumas de experiências passadas que afetam sua visão romântica. Reconhecer isso é fundamental para construirmos relações saudáveis.

É comum que experiências passadas influenciem nossas relações atuais, mas é importante prestar atenção para que o passado não domine o presente e comprometa o futuro. A racionalidade não deve anular as emoções que permeiam cada situação, palavra e ação. A intensidade de alguns pode causar estranhamento para quem está habituado à mesmice. O que muitos interpretam como "emoção", na verdade, é a entrega genuína de alguém que oferece algo além do ordinário.

Lembre-se: não há regras para o amor. Cada relação é uma união de histórias e visões singulares. As semelhanças nos aproximam, mas jamais nos tornam idênticos.

Para os intensos e emocionados: avaliem se sua entrega está sendo valorizada e se a reciprocidade condiz com seus sentimentos. Não se trata de esperar algo em troca, mas sim de reconhecer seu valor e o merecimento de ser amado com a mesma intensidade que te oferecem.

O mais engraçado de todas essas situações é que, em geral, pessoas intensas não conseguem se relacionar com outras iguais, pois o excesso de sentimentos e atitudes acaba por intoxicar ambos. Daí vem aquela "regrinha" de que os opostos se atraem.

A atração entre opostos é real, mas a manutenção de um relacionamento exige mais do que encantamento. Compreensão e acolhimento mútuo são pilares fundamentais para a construção de um vínculo duradouro.

Casais com diferenças aparentes podem ter uma conexão profunda na intimidade. Perceber as *personas* que cada um apresenta em diferentes contextos é fundamental para compreendermos que as aparências nem sempre refletem a realidade. Buscamos no outro, além de algo que nos complementa, alguém para admirar por características que nem sempre reconhecemos conscientemente.

Emocionados ou intensos, todos precisam olhar para si e refletir sobre os resultados das suas entregas e como o outro as recebe, sem o filtro do romance.

Críticos da emoção e da intensidade: façam um exame de consciência e compreendam seu incômodo com o que excede a "média". Libertem-se da agonia da mediocridade e abracem a plenitude da vida.

Apesar de não me arrepender da intensidade e emoção que demonstrei, confesso que gostaria de ter me aproximado mais da imagem que tinha de você. No entanto, quando te vejo com seu novo amor, percebo que somos idênticos em termos de intensidade.

O equilíbrio

Enquanto lia uma reflexão do psicólogo Alexandre Coimbra Amaral sobre a ansiedade, a loucura e o equilíbrio, diversos pensamentos me invadiram a respeito da maneira como tratamos o amor.

É comum ouvir pessoas desejarem um amor tranquilo, sem grandes emoções negativas, como se a vida real fosse uma eterna comédia romântica. Ignoram, porém, que, mesmo nas comédias, também existem momentos de tristeza. O modo como lidamos com as situações desagradáveis é crucial para determinarmos o peso da carga do problema. Nem tudo depende de nós, mas o que nos cabe deve ser digerido com sabedoria.

Não estou dizendo que é fácil. Surte, extravase, deixe de lado o que te disseram sobre equilíbrio e crie sua própria forma de lidar com as emoções. O mais difícil será deixar de se importar com os julgamentos alheios.

Precisamos de um equilíbrio, mas não o imposto, e sim o que nos liberta. Como disse Alexandre em seu livro sobre ansiedade, "cada um equilibra um prato à sua maneira". Respeite sua individualidade também nos relacionamentos. Sempre que sentir a necessidade de se aprisionar em padrões alheios, salte fora da caixa. Nela, você vai sufocar e se debater para sair, e a loucura será vista como sua, e não de quem te aprisionou.

Relacionar-se é complexo. Frequentemente, cedemos em pontos que fogem da nossa essência por um "amor" que não sentimos, apenas desejamos, como um objeto de posse.

Lembro-me das vezes que pensei em te propor uma relação aberta. Estudei casos e casais, tentando entender e fazer caber essa ideia dentro de mim. Em alguns momentos, achei que seria pertinente, mas nunca foi. Com essa visão "quadrada" de relacionamento, veio a falta de coragem de te propor isso, de me diminuir nas minhas crenças e expectativas para "caber na sua caixa". Nesse momento, compreendi: não era amor o que eu sentia, e sim um desejo possessivo de tê-lo para mim.

É comum casais em fim de relacionamento tentarem abrir a relação como forma de reinvenção. No entanto, muitos se submetem a isso apenas por não saberem lidar com o luto e a perda. Raramente isso é fruto de um desejo de ambos. Mais frequentemente, um deseja e o outro se submete. Independentemente do motivo, a relação estará desequilibrada de novo, e a reinvenção provavelmente será frustrada.

O desequilíbrio nas relações não se limita à proposta dos relacionamentos abertos. Ele surge em qualquer situação na qual o diálogo e a vontade genuína de fazer dar certo estão ausentes. É importante reconhecer que preguiça e comodismo podem mascarar a falta de vontade, mas a reflexão e a autoanálise são essenciais antes de tomarmos qualquer decisão.

Equilíbrio não deve ser um modelo predeterminado a partir de relações alheias. E um relacionamento equilibrado precisa, antes de tudo, de pessoas completas, não metades. Os dois precisam entregar seus afetos em proporções semelhantes. Uma distribuição de 60% e 40% é aceitável, mas 80% e 20% não seria justa.

É difícil reconhecer que um relacionamento pode não estar saudável ou suficiente. Mais difícil ainda é viver aprisionado nos anseios, regras e desejos do outro. Abrir mão e aprender a ceder é diferente de esquecer de si e, perdendo a própria personalidade, se tornar o outro. Preste atenção.

O novo

É provável que você já tenha sofrido por algum daqueles amores que demoram para sarar e ficado pensando que dali para a frente não queria mais se entregar para outro alguém. Certamente disse repetidas vezes para si que o amor não vale a pena e que a solitude, uma vez que não machuca, é a melhor escolha.

Ledo engano! A solitude também pode ferir, até porque, para encontrá-la, passamos por muita solidão, e pouca coisa nos angustia mais do que nos sentirmos sozinhos no meio de uma multidão. Parece que somente nós não conseguimos encontrar um par e nos encaixar neste mundo e em seus padrões e regras às vezes não tão sutilmente propagados.

Depois que a gente sofre por um amor, juramos que não queremos amar de novo justamente por conhecermos o oposto do prazer associado a esse sentimento: a dor. Lidar com essa dor não é tarefa fácil; um término pode significar o mesmo de uma morte e é difícil enfrentar os rompantes de tristeza sem nenhum motivo aparente naquela tarde de quarta-feira chuvosa. Mas isso não dura para sempre, porque a gente esquece.

Não estou aqui dizendo que apagamos da nossa memória a chateação e o aborrecimento do amor que findou, mas que uma hora, de repente e sem pretensão, seu coração vai bater diferente por um sorriso novo, ou até por algum que já tenha visto sem dar o devido valor. Aos poucos, a alegria, a ansiedade boa, o prazer e as pequenas alegrias vão deixando de lado a dor anterior.

Daí em diante algumas coisas mudam, é óbvio. E não me refiro aqui a alguém com lapsos de memória real, e sim a uma pessoa que apenas conseguiu amadurecer o olhar para o outro, adaptar as expectativas e perceber que as coisas podem ser diferentes. Precisamos nos permitir nos frustrar para crescer. Arrastar correntes não é tarefa obrigatória nem sadia. Precisamos, a todo tempo, olhar para nós mesmos e observar qual carga estamos carregando e quanto dela é fundamental ou apenas peso morto.

Levou muito tempo para eu superar você e entender que a gente não cabia um na vida do outro, pelo menos não como eu gostaria. Doeu, chorei, me mediquei e sofri bastante. No entanto, preciso agradecer a você, sobretudo por me fazer voltar a olhar para mim mesmo, para as questões que me incomodavam no meu corpo e nas minhas atitudes, o que me possibilitou realizar mudanças.

Quando voltei a me ver com clareza, percebi que merecia muito mais do que estava aceitando, e isso não tem relação com você, deixe-me ser claro. Mas, a partir do nosso relacionamento e do nosso término, entendi o quanto minhas expectativas quanto aos relacionamentos estavam desajustadas. Percebi que mereço mais, não apenas dos amores, mas da vida.

O amor é dor e eu não arredo o pé sobre isso, sobretudo para quem não está preparado para amar. O amor é angústia, e, mais uma vez, me coloco firmemente nessa posição, porque desejar o desconhecido sempre será tarefa de corajosos. O amor é para quem está disposto a sofrer um pouco em busca de alegrias. Nunca conheceremos o verdadeiro sabor da água se não a bebermos com um pouco de sede.

Aos poucos, tudo vai se encaixando novamente. Os beijos voltam a ter calor, o sexo a dar prazer, os encontros frustrados a virar histórias bem-humoradas e amar a ser uma possibilidade no coração cicatrizado e regenerado.

Após enfrentar a dor, começamos a perceber muito daquilo que poderíamos ter feito de modo diferente, e devemos estar atentos para implementar essas mudanças quando o novo amor surgir. Porque, sim, esse novo amor chegará. Sem que o busquemos, ele nos encontrará, de maneira improvável e no lugar menos esperado. Talvez em uma viagem, em outro continente. Quando o sorriso do amor brilhar, você vai se esquecer da dor do amor que passou.

Hoje encontrei um sorriso que me fascina e me faz sentir borboletas no estômago, deixando-me ansioso pela próxima vez que nos encontraremos. Voilà! Não sei como ou se isso se concretizará, mas o simples fato de redescobrir esse encanto já me mostra o quanto estou preparado para amar novamente.

Eu quase morri de amor, mas o *quase* me salvou.

Desejar o desconhecido sempre será tarefa de corajosos.
O amor é para quem está disposto a sofrer um pouco em busca de alegrias.

A felicidade

Poucas coisas são mais superestimadas do que a tal da felicidade.

Diariamente, e sobretudo pelas redes sociais, uma série de coaches e iludidos tratam desse estado momentâneo de satisfação elevada como algo possível de alcançar diária e constantemente, o que é uma grande falácia.

A felicidade nada mais é do que o ápice da satisfação, da plenitude e do bem-estar, porém também pode representar uma surpresa no meio de um turbilhão emocional que chega de algum lugar que não imaginaríamos que nos entregaria algo, apesar de desejarmos por isso. Ninguém é feliz o tempo inteiro.

A felicidade é um momento, e a euforia, o sentimento e a emoção envolvidos têm um prazo de validade muito curto – segundo o que dizem, por volta de quinze minutos.

Estranho e psicótico seria andarmos pela rua com pessoas gargalhando ao nosso redor. Assim como tudo o que é abraçado pelo excesso, começaríamos a enxergar normalidade naquele estado eufórico e a seguir alguém que diria que existe outro sentimento ainda maior que a felicidade: a *ultra-plus-felicidade*. Podem ter certeza de que, a partir dali, ser feliz acabaria se tornando uma forma de tristeza.

Essa busca incessante pela tal da felicidade vendida pelas redes sociais afeta toda a nossa maneira de ver e estar no mundo, desperta gatilhos que nem sabíamos que tínhamos e cria uma distância da realidade palpável que parece nos colocar a milhas e milhas de distância. Obviamente, isso afeta a maneira como nos relacionamos e o quanto de expectativa colocamos em cada nova pessoa que conhecemos. Basta prestar atenção nas fotos repetidas à exaustão por casais dos mais diversos lugares do mundo, assim como nas legendas cheias de frases de efeito (que podem ser repetidas a cada mudança de relacionamento). Tudo isso para tentarem se incluir na tal da felicidade. Até para ter privacidade as pessoas precisam expor algo, como uma foto de duas mãos sobrepostas em uma mesa com a escrita "o que ninguém sabe, ninguém estraga".

Para encontrarmos a felicidade, só existe uma regra: buscar a satisfação em tudo o que tivermos ou fizermos. Alguém satisfeito é justamente aquele que consegue entender que para tudo há um tempo, que tudo acontece por uma razão e que nunca teremos tudo, sempre precisaremos abrir mão de algo. Pessoas satisfeitas não são aquelas acomodadas com o que têm, mas sim as que valorizam as próprias conquistas e reconhecem suas histórias.

A felicidade é como um fruto da satisfação e, para tê-la numa relação, devemos plantar, regar, fazer a manutenção, podar e saber a hora de colocar e tirá-la do sol. Lembrando que: se molhar demais, a planta morre; se podar demais, ela não floresce; se não fizer a manutenção, o jardim estraga; se ficar muito no sol, ela morre; e, se ficar pouco, ela murcha. Ufa! Dá trabalho, né? Ou você enxerga e encontra satisfação nesse processo ou vai continuar acreditando na felicidade da rede social.

Eu acho muito engraçado como me feria não poder postar e mostrar para todo mundo a nossa relação. Eu me incomodava demais de não poder dizer "eu te amo" publicamente. Mas, ao mesmo tempo, pensava que esse tipo de exposição me levaria a precisar também compartilhar o término caso ele chegasse. Ou seja, vivia a minha angústia em plenitude, mas raramente a satisfação de ter você comigo. Como eu poderia querer ser feliz assim?

Não importa sua idade, rompantes imaturos tomam conta daqueles que estão submetidos à vida contemporânea, atravessada pelas redes sociais e tudo o que elas apresentam. Em algum momento, você vai se questionar do motivo pelo qual está fazendo algo e é justamente nessa hora que precisa ser sincero consigo, porque pode ser que nesse momento você enxergue a verdade e comece a mudança necessária, não na relação, mas em sua vida.

A felicidade é uma consequência, algo que precisamos aprender a viver em sua totalidade porque ela passa, deixando o sentimento de satisfação pelas escolhas e atitudes que nos levaram até ali. Por isso, devemos compreender o sentido de um término e dar a ele um significado que acalente a dor, mas sem nos paralisar.

A repetição

A maneira como nos relacionamos é o resultado de um amon-toado de sentimentos que acumulamos com o passar do tempo e, principalmente, de como lidamos, superamos ou cristalizamos as situações em nossa história.

Aliás, isso explica por que acabamos nos relacionando com os mesmos tipos de pessoas, ou, então, a razão de termos comportamentos semelhantes (ou idênticos) com todas as nossas paixões, e, principalmente, por que sofremos ou nos tornamos indiferentes aos sentimentos quando tentamos nos relacionar com alguém.

Nada machuca mais do que uma ferida mal cicatrizada cutucada o tempo inteiro, e isso pode ser aplicado aos nossos relacionamentos. Você já deve ter visto (ou então ser) aquele tipo de pessoa que segue emendando uma relação na outra, sem nem sequer dar um tempo: sofre em um dia e na semana seguinte já encontrou o novo amor da vida inteira. Claramente, isso é um sinal de carência quase juvenil, uma dificuldade grande de reconhecer o vazio da própria presença e conviver com ele.

Podemos e devemos nos relacionar, mas, para que isso seja saudável, é necessário, antes de tudo, que a pessoa que estamos tentando conquistar não seja um tapa-buraco para a frustração anterior. Pessoas e relacionamentos não devem servir para curar nada nem ninguém. Essa função é de sua própria consciência, do amadurecimento e, se possível, de um acompanhamento psicoterapêutico, para colaborar com o labirinto emocional no qual volta e meia nos perdemos.

Não é justo usar alguém como borracha. Isso fala muito de responsabilidade afetiva, daquela coisa de não plantar no coração de alguém uma semente que não poderá cultivar da maneira adequada. E o motivo por trás disso é muito simples: quando você encontrar a cura para seu coração partido, essa pessoa que está contigo poderá deixar de fazer sentido em sua vida. Esse é o principal motivo de reforçarmos que, para amar, é fundamental o encontro de duas pessoas completas, e não de duas metades.

Depois de muito tempo e da maneira mais improvável, eu encontrei alguém que parece ser especial. Como sempre, existe uma série de impeditivos para esse meu novo amor, e tenho pensado muito nesse meu lance com desafios e com a minha insegurança. Às vezes, acho que estou sentindo a mesma coisa que sentia quando conheci você. Percebo que tenho feito planos tal como fazia com você, mas me sinto diferente na maneira como estou lidando com tudo.

Ainda não sei o momento certo para mandar mensagem, não consigo esconder minha ansiedade para encontrar e olhar para aquele sorriso, porém parece que estamos vivendo no mesmo tempo e com os mesmos receios.

Tenho visto alguém como eu. Pela primeira vez, me encontrei e me senti à vontade com as minhas inseguranças. Vejo alguém com planos e visão de mundo parecidos. Acho que, no fim das contas, e com tudo que vivemos, tenho conseguido olhar não só para o que eu quero, mas também para tudo o que eu mereço.

Das lições que eu tirei, entender o que me cabe foi a mais valiosa. Embora ainda tenha muito para melhorar, e muita ansiedade para aprender a controlar, já me sinto pronto para encarar um novo amor.

Talvez não seja esse (apesar de que eu gostaria muito que fosse), mas o que vale é sentir que já consigo amar alguém além de uma noite.

O tempo é um remédio muito eficaz para corações partidos. Por isso, é fundamental que fiquemos sozinhos um período no pós-relacionamento.

Precisamos viver fora do compromisso e da responsabilidade de amar o outro para podermos nos amar também.

Longe de mim sugerir que devemos deixar de nos amar em uma relação. Muito pelo contrário, devemos nos amar mais e mais, independentemente do estado civil. Mas, quando temos outro alguém, inevitavelmente haverá uma doação de uma parte de si para o outro e, assim, talvez você não consiga se amar na medida necessária para se reconstruir. Há momentos em que a última coisa de que precisamos é amar alguém que não seja a nós mesmos.

A casa

Podemos pensar que o processo de cura, ou de sublimação, como falamos em Psicanálise, acontece rápido, quase instantaneamente, mas isso é um engano, pois ele se desenrola lenta e gradualmente.

Se você acha que o processo acabou só porque parou de chorar, sinto te informar que este é apenas o princípio – muitas coisas ainda vão se revirar dentro e fora de você. Cada um vai encontrar a própria maneira de seguir em frente, ter o próprio tempo e, principalmente, sentir a dor numa intensidade única e praticamente indescritível.

Quem te ouvir falar sobre tudo que está sentindo muito possivelmente se aproximará um pouco dessa angústia, mas nunca em sua totalidade, porque cada um de nós carrega uma história muito particular.

Eu gosto muito de uma música do Madredeus que diz assim: "Quem contar um sonho/ nunca conta tudo que sonhou/ contar um sonho é proibido" – é nas partes proibidas que moram as verdades, inclusive aquelas que nos machucam ter de reconhecer. Justamente por isso, não conseguimos sequer falar delas. Parece que nenhum lugar é seguro e que ninguém poderá compreender.

Conversando com uma amiga, consegui resumir bem o sentimento de cura e compreensão depois da dor do término e de um processo lento de sublimação do ocorrido. É como se tivéssemos arrumado uma casa muito bagunçada, e agora aquele lugar que sempre nos acolheu estivesse novamente habitável e as coisas que ainda estão, por enquanto, fora do lugar não atrapalhassem mais o nosso descanso.

Muito provavelmente, durante a organização dessa casa, tenhamos movido um sofá de lugar, trocado alguns quadros e até mantido algumas coisas fora do lugar. Isso é a vida: um ciclo de arrumar, viver, bagunçar, arrumar novamente, mudar, viver e bagunçar de novo.

Essa ilusão de casa arrumada o tempo inteiro é parte de uma ilusão que nos vendem o tempo todo. Mas, se posso dar um conselho a você, não acredite nisso. Na maior parte das vezes, o que acontece é que as pessoas acabam por se acostumar a viver na bagunça e, consequentemente, em uma conveniente cegueira. Contudo, em algum momento, alguém vai chegar e dizer: "Vamos resolver isso juntos? Estou aqui para ajudar". Não digo que essa pessoa será um novo amor. Ainda que isso pudesse ser lindo e romântico, na vida real, fora dos filmes mais encantadores, quem vai te ajudar serão pessoas que nem imagina, capazes de entrar e sair em uma velocidade que inicialmente parecerá não ter sentido, mas há. O sentido nem sempre está na permanência, e sim na intensidade.

Repetirei quantas vezes forem necessárias: a felicidade é um instante. Não depende das pessoas que você escolheu, nem do lugar que sonhou. Para ser feliz, é necessário estar em plena existência, vivendo os momentos com atenção e reconhecendo que, apesar de maravilhoso, muito em breve esse momento será apenas mais uma memória.

Não tente ser a pessoa incrível que alguém te ensinou a ser. Apenas seja a pessoa incrível que cabe dentro de você. Passamos muito tempo fora da "nossa casa". É importante reservar um tempo para estar mais dentro dela, aprender a apreciar cada canto, encontrar nela sua segurança, reencontrar quem você realmente é, o que deseja ser e como pode alcançar isso. Para você, só posso expressar gratidão pelos bons momentos e por tudo que vivemos de maneira tão intensa.

Este livro de memórias agora foi fechado e guardado em um lugar muito especial. Sempre vou me lembrar de você, pois faz parte da minha história, da minha vida, ainda que não esteja mais presente no meu dia a dia. Uma hora, nos encontraremos novamente.

Pouquíssimas coisas dependem apenas de nós, então não se culpe se seus relacionamentos não têm sido como você sempre sonhou. Talvez nem os deles estejam sendo tudo o que parecem.

Aos poucos, percebemos que há tanta confusão na felicidade quanto felicidade no meio da confusão. É nessa mistura, meio yin-yang, que habita nossa existência. Não há casa perfeita, apenas a nossa casa; o resto é apenas um projeto.

Não tente ser a pessoa incrível que alguém te ensinou a ser. Apenas seja a pessoa incrível que cabe dentro de você.

O bom partido

Quantas vezes elegemos alguém como o tipo ideal para a nos-sa vida? Quantas oportunidades e pessoas deixamos passar por não se encaixarem em nossas expectativas? Quantas vezes nos sentimos insuficientes para ser a escolha de alguém?

Ao desenharmos características que esperamos encontrar no outro, precisamos verificar se o que oferecemos também está de acordo com as expectativas alheias. Além disso, é fundamental questionar se o que buscamos realmente é o que desejamos. Mesmo que você saiba o que quer de um bom partido para se relacionar, será que é nele que está encontrando o seu real desejo?

Falar em príncipe encantado é fácil, mas o real desejo, aquele que acompanha o ser erótico, geralmente está encoberto por moralidade e planos que outros designaram para nossa vida. É necessário reconhecer qual desejo te pertence, lembrando que ele também muda. Em seguida, analise se o seu desejo é pertinente, real e genuinamente seu. Digo isso porque, eventualmente, o desejo e a construção da pessoa ideal podem estar baseados no que foi dito a você como desejável. Diante disso, é preciso olhar de maneira panorâmica para as pessoas com quem você se relaciona e identificar os pontos em comum entre elas. Esses pontos devem ser repetidos?

Às vezes, nos contentamos com pouco pelo medo de não dar conta do que realmente merecemos, o que pode parecer muito aos olhos de uma pessoa insegura. É importante lembrar que o risco emocional sempre existirá, então sugiro que você suba a régua dos seus critérios de merecimento. Digo isso principalmente para que você preste atenção se está recebendo o amor, o carinho e a atenção não só na proporção que entrega, mas também na qualidade que merece.

Quando analisamos nossos relacionamentos de fora, percebemos que nem sempre estamos chegando aonde gostaríamos. Podemos estar repetindo erros, inclusive familiares, e nos sujeitando a situações que não deveriam fazer parte da nossa rotina. É crucial romper esse círculo vicioso e prejudicial. Embora não seja fácil, fazer isso é fundamental para alcançarmos nossos objetivos desejados.

Pode ser que você chegue à conclusão de que não te cabe um relacionamento, e tudo bem. Não existem regras universais. O único padrão que precisa ser seguido sempre é o de não se submeter ao outro e muito menos colocá-lo em pedestais. Ninguém merece estar em primeiro lugar no seu pódio além de você.

Precisamos aprender a olhar ao redor e perceber que também somos o desejo oculto de alguém, somos o "bom partido" que alguém deseja ter, somos o objeto do desejo erótico daquela pessoa que pode estar próxima e que nossos olhos não conseguem ver. Isso ocorre porque estamos míopes, utilizando as lentes erradas para enxergar os desejos de novos amores.

Quando você aprende a se valorizar, apesar das suas inseguranças, as pessoas ao seu redor também começam a enxergar quem você realmente é e o quanto elas estão perdendo por não ter você por perto. Seja aquilo que deseja ter.

As fases

Provavelmente você já ouviu falar no processo de luto, que se divide em cinco fases distintas, embora interligadas pelos ciclos de encerramento de cada uma delas. Essa teoria foi proposta em 1969 pela psiquiatra suíço-americana Elisabeth Kübler-Ross, que se tornou uma autoridade no assunto em virtude dos seus estudos pioneiros sobre a proximidade da morte em pacientes terminais.

Com isso em mente, gostaria de explorar os cinco estágios (alguns argumentam que são sete) e como eles se manifestam durante o processo de término de um relacionamento. Isso também se refere a um ponto mencionado anteriormente: o fim de um relacionamento pode ser comparado à perda de uma terceira pessoa, uma presença que emerge quando estamos comprometidos.

A soma de eu com você resulta em nós, certo? Quando um namoro, um casamento ou uma relação significativa chega ao fim, seja uma amizade de longa data, seja outro tipo de vínculo, esse "nós" morre, levando consigo diversos sonhos, expectativas, desejos e tudo que investimos na criação de laços estreitos e sentimentais. Acredito que assim fica claro por que eu (e vários outros psicólogos) considero o fim de uma relação um processo de luto, pois os caminhos são semelhantes. Vou contextualizar os estágios de acordo com o processo de término de uma relação.

A primeira fase é a negação e o isolamento. Nela, questionamos tudo o que fizemos de errado e que levou ao fim da relação, assumindo toda a culpa, e recusamos a aceitar que acabou, tentamos nos isolar do mundo na tentativa vã de eliminar o sofrimento que permeia nossos pensamentos. Ao mesmo tempo que negamos o fim, negamos os pontos negativos, ignorando as imperfeições, apagando as dores da memória recente e relativizando o que era ruim.

Durante esse período de isolamento, acreditamos que a dor nunca vai passar, que nenhum amor futuro será tão intenso quanto aquele perdido. Na ilusão de afastar o sofrimento, alimentamos a esperança de um retorno triunfal da relação, como nos contos de fadas, mas ele raramente acontece, principalmente porque ambos os parceiros estão sofrendo (não há uma regra definitiva, é claro), cada um em intensidades e por motivos diferentes.

Na segunda fase, a da raiva, observamos um aumento do sentimento de amor, que se torna ainda mais intenso. Muitas vezes, amor e ódio andam de mãos dadas, sendo possível amar a ponto de odiar, e vice-versa. A fase da raiva representa uma tentativa inconsciente de lutar pelo relacionamento que chegou ao fim. Geralmente, aqueles que passam por ela são os que foram deixados. Pode parecer que superaram o amor anterior, mas essa ideia é um equívoco; enquanto houver ódio, ainda há sentimentos. Nesse estágio, é comum falar mal do ex-parceiro para todos ao redor. O assunto principal gira em torno disso, e quem está próximo percebe a mágoa nas palavras e a saudade no olhar, ainda que prefira ignorar e não abordar o assunto. A luta aqui é contra o próprio inconsciente, que ainda provoca dor e saudade.

Já a terceira fase, a barganha, é marcada pela negociação; a autoestima pode ser prejudicada e nos colocamos em situações que nunca imaginamos. Às vezes, tentamos negociar com o ex-parceiro novas regras na esperança de reviver o relacionamento que chegou ao fim. Em geral, é nesse momento que entregamos toda a nossa dignidade ao outro, submetendo-nos a coisas com as quais sempre discordamos, na ilusão de que, sem aquela pessoa, nada mais tem valor. É comum que aqui surjam propostas de relacionamento aberto, o que é complexo, pois o que realmente está acontecendo nada mais é do que uma tentativa de manter respirando por aparelhos algo que já morreu. E não estou sendo moralista, apenas descrevo algo que acontece em geral e que, com a mesma frequência, não dá certo (os casos de sucesso são raros, de acordo com os relatos que acompanho entre pacientes e amigos), pois, após algum tempo, esse formato também se tornará inviável, visto que o defunto continua inerte no meio da cama.

A depressão, quarta fase, nos faz experimentar um sentimento angustiante e avassalador, um choro doloroso ao percebermos que não há mais esperança. Nesse estágio, começamos a enxergar a vida e as situações sem os filtros habituais de esperança e alegria; a vida colorida se transforma em preto e branco, e o chão parece desaparecer sob nossos pés. Às vezes, faltam palavras para descrever os sentimentos, e a sensação é de que ninguém entenderá a profundidade do nosso sofrimento. Nós nos sentimos diminuídos em comparação aos demais, e a dor chega como uma rajada de vento gelado. É especialmente nessa fase que precisamos de pessoas que acolham nossa dor, que nos ofereçam silêncio e um ombro amigo. Não é hora de dar lições de moral ou elaborar planos para superar a dor (a menos que isso seja recomendado por um terapeuta e um psiquiatra). Este é o momento para encontrar pessoas que tenham acesso à nossa intimidade mais profunda, local no qual reside nossa verdade e vulnerabilidade.

Haverá dias de euforia seguidos de dias de lágrimas; os altos e baixos serão constantes, pois essa é a natureza da depressão, uma incapacidade de administrar a vida e as emoções. Muitas vezes, além da psicoterapia, pode ser necessário um tratamento medicamentoso, sob orientação profissional. Isso não significa que você precisará de medicação para sempre, mas por um período, tornando-se importante normalizar essa possibilidade para que o indivíduo deprimido não se sinta ainda pior. A saúde mental deve ser tratada com respeito e seriedade, e nunca ser motivo de piadas. Tratar a dor alheia com brincadeiras é ignorar o sofrimento do outro.

Por último, a aceitação, fase em que começamos a enxergar a luz novamente na vida. É o momento em que compreendemos que acabou e conseguimos conciliar o coração com a razão. Aceitar não significa esquecer, mas as lembranças já não doem tanto, e, sem esse peso, conseguimos seguir em frente, mesmo que com algumas cicatrizes e lágrimas.

A cura está em lembrar-se sem dor.

A cura

Após navegarmos pelas ondas da melancolia, euforia, angústia e tristeza, finalmente encontramos a tranquilidade. Essa jornada nos revela a força interior que nem imaginávamos ter e a capacidade de mudança que supera as crenças da nossa consciência.

A superação do fim de uma relação ou perda nos leva a um profundo autoconhecimento. Por meio das nossas vulnerabilidades e autoanálises, buscamos respostas para a pergunta que nos atormenta: "Por que acabou?".

É comum nos culparmos, ou o outro ou até o mundo por nossos sofrimentos. Mas a verdade é que a relação terminou porque precisava. É possível que estivéssemos tão focados em nossos planos que não tenhamos percebido o fim antes que ele realmente acontecesse.

Há muita discussão sobre autoestima, empoderamento, manter-se firme em suas convicções, apreciar a suficiência da solidão e reconhecer a toxicidade do mundo. Sim, o mundo pode ser tóxico, mas você também contribui para isso ao acreditar que um relacionamento só é satisfatório se atender a todos os seus critérios.

Dercy Gonçalves disse: "Aprendi a ficar sozinha, a gostar de mim e a priorizar minha liberdade. Tive azar no amor, então também aprendi a amar por todos". A partir dessa frase, questiono: você está preparado para se manter sozinho e amar por todos?

Está pronto para abrir mão da sua liberdade? Será que você, com a idade que tem, já sabe tudo sobre o amor?

Os discursos que vemos por aí são cheios de palavras, porém vazios de verdade. Falam de um amor egoísta, infantil e birrento, de quem nunca aprendeu a compartilhar ou cresceu ouvindo que ninguém é bom o suficiente. Mas e você, será que você é realmente bom para alguém?

O amor não precisa de religião para ser definido. Em todas as crenças, o amor é interpretado como troca: entrega, espera e recebimento. Essa é a lógica do sentimento mais falado em tempos de anestesia sentimental.

Estamos anestesiados e com medo de sentir qualquer coisa que não seja positiva. Esquecemos que, sem as experiências negativas, não temos parâmetro para saber o que é realmente bom. Essa anestesia distancia as pessoas e cria relações egoístas baseadas em conveniência. Lidar com o amor não é fácil, mas viver sem experimentá-lo pode ser infinitamente mais difícil.

Eu quase morri de amor, mas, veja só, estou aqui vivo e pronto para amar novamente. Talvez um pouco diferente, com outras expectativas, certamente mais forte e cauteloso, mas sempre pronto para amar e aprender um pouco mais.

Eu quase morri de amor, mas o "quase" me salvou. Esse "quase" tem o nome de esperança, que nada mais é do que uma forma de amar a própria vida.

Lidar com o amor não é fácil, mas viver sem experimentá-lo pode ser infinitamente mais difícil.

Posfácio

Quase morri de amor **é aquele tipo de livro que, ao mesmo tempo, te faz rir e se emocionar.** Faz você pensar: *Nossa, sou eu ali!* Afinal, quem nunca sofreu por amor e achou que era o fim? Maycow é meu amigo, taurino como eu, pé no chão pra muitas coisas, mas, quando se trata de amor, é um sonhador. Até porque, qual a graça da vida sem uma aventura? Ele nos leva por uma jornada recheada de sentimentos contraditórios, com uma honestidade de quem não tem medo de mostrar vulnerabilidade.

Eu tive o privilégio, ou não, de acompanhar de perto essa história de amor e desilusão enquanto ela se desenrolava. E desculpa, como amiga, preciso deixar uma coisa bem clara: "Eu avisei". Avisei diversas vezes para ele ir com calma, para não se jogar de cabeça, segurar a emoção e não confiar demais em alguém que não estava realmente comprometido com a sua felicidade. E ele me ouviu? A resposta é óbvia, né? Claro que não. Caso contrário, este livro nem existiria. Mas posso culpá-lo? Quem consegue ouvir a voz da razão (no caso, a minha) quando o coração já está completamente apaixonado?

Apesar de não ter gostado de vê-lo sofrer, acredito que ele viveu o que precisava viver para amadurecer no processo. E o resultado de todo esse amor, emoção, desilusão, sofrimento e luto foi este livro incrível, no qual ele não só relata o sofrimento, como também o processo de transformação e aprendizado.

No fim, *Quase morri de amor* é um convite para olhar para a dor com mais leveza, nos ensinando que não é necessário odiar o outro para seguir em frente, nem se prender à saudade. A única coisa realmente importante nesse processo é lembrar que, por mais difícil que seja, a vida segue. E o amor, como tudo, é um ciclo. O que termina hoje pode dar lugar a algo ainda mais significativo amanhã.

Então, se você já passou por um término doloroso, ou está em busca de entender melhor a si mesmo após o fim de uma relação, com certeza estas páginas lhe serviram de abraço quentinho, um tapa na cara e um bom papo entre amigos. A vida é cheia de altos e baixos, mas acredite: sempre há algo novo à frente.

Fabi Santina
Influenciadora digital, escritora e mãe

Músicas citadas no livro

"A história mais velha do mundo". Interpretada por O Terno. Composta por Martim Bernardes Pereira. Produzida por O Terno e Gui Jesus Toledo. Fonte: Tratore.

"O sonho". Interpretada por Madredeus. Composta por Pedro Ayres Magalhaes. Produzida por Pedro Ayres Magalhaes. Fonte: Parlophone Portugal.

Bibliografia sugerida

BAUMAN, Zygmunt. *Amor líquido*: sobre a fragilidade dos laços humanos. Trad. Carlos Alberto Medeiros. São Paulo: Zahar, 2021a.

BAUMAN, Zygmunt. *Tempos líquidos*. Trad. Carlos Alberto Medeiros. São Paulo: Zahar, 2021b.

HAN, Byung-Chul. *Agonia do Eros*. Trad. Enio Paulo Giachini. São Paulo: Vozes, 2017.

PARANAGUÁ, Tatiana. *Vínculo fantasma*: os relacionamentos voláteis da atualidade. Rio de Janeiro: Record, 2024.

PONDÉ, Danit Zeava Falbel. *O conceito de medo em Winnicott*. São Paulo: DWWeditorial, 2015.

PONDÉ, Luiz Felipe. *Amor para corajosos*. São Paulo: Planeta, 2017.

RISO, Walter. *Me cansei de você*. Trad. Sandra Martha Dolinsky. São Paulo: Academia, 2022.

SUY, Ana. *A gente mira no amor e acerta na solidão*. São Paulo: Paidós, 2022.

WINNICOTT, Donald. *Tudo começa em casa*. Trad. Paulo César Sandler. São Paulo: Ubu, 2021.

**Acreditamos
nos livros**

Este livro foi composto em Noto Serif,
e impresso pela Lis Gráfica
para a Editora Planeta do Brasil
em março de 2025.